21世纪高职高专精品教材

财务会计类

JISUAN JISHU YU DIANCHAO

计算技术与点钞

（第三版）

罗荷英　李　薇　主　编

李屏兰　张丽英　副主编

周红缨　主　审

东北财经大学出版社

Dongbei University of Finance & Economics Press

大连

图书在版编目（CIP）数据

计算技术与点钞 / 罗荷英，李薇主编. —3版. —大连：东北财经大学出版社，2016.2（2017.6重印）

（21世纪高职高专精品教材·财务会计类）

ISBN 978-7-5654-2022-1

Ⅰ. 计…　Ⅱ. ①罗…②李…　Ⅲ. 银行业务-高等职业教育-教材

Ⅳ. F830.4

中国版本图书馆CIP数据核字（2016）第017163号

东北财经大学出版社出版

（大连市黑石礁尖山街217号　邮政编码　116025）

教学支持：（0411）84710309

营　销　部：（0411）84710711

总　编　室：（0411）84710523

网　　　址：http：//www.dufep.cn

读者信箱：dufep@dufe.edu.cn

大连住友彩色印刷有限公司印刷　　东北财经大学出版社发行

幅面尺寸：185mm×260mm　　字数：244千字　　印张：10　插页：19

2016年2月第3版　　　　　　　　2017年6月第10次印刷

责任编辑：张旭凤　　责任校对：魏　巍　李丽娟　郭海雷
　　　　　　　　　　　　　　　张晓鹏

封面设计：冀贵收　　版式设计：钟福建

定价：28.00元

第三版前言

为了感谢社会各界对本书的厚爱，编者对本书进行了第二次修订。此次修订，在总结多年教学工作经验的基础上，结合用人单位对财经人才的需求反馈和职业院校的办学宗旨，根据当前职业院校学生的学习特点，对教材的内容取舍和编写设计进行了优化，使其既保持一贯的计算准确、练习到位的风格，又体现出近几年会计技能大赛对点钞、小键盘操作等技能要求熟练掌握的特色。

本书立足职业院校财会、金融专业学生就业岗位群的专业教学要求，以就业为导向，以提高学生职业技能和综合素养为主线，突出学以致用，在编写方面有一定创新。具体表现在：

（1）内容创新，能切实满足教学需求。本书不仅系统介绍了珠算的加、减、乘、除等传统计算技术，还增加了电脑应用中的数字小键盘录入内容，并结合财务、金融部门工作实际需要，介绍了传票算、账表算、心算等运算技巧和方法。

（2）详略得当，强化技能训练。本书第四部分详细介绍了手工点钞和机器点钞的特点和方法、假钞的识别方法，附录2进一步列示了第五套（2005年版）人民币的票面特征及防伪特征，将技术方法介绍与技能训练有机地结合起来，以期达到强化专业技能训练的效果。

（3）图文并茂，配套了丰富而精美的图片。为了直观、通俗地呈现学习内容，便于学习者认识、理解和掌握，本教材配有丰富的教学图片。

（4）练习充足，提供了分量足够的练习项目。本书每章最后都专门编写了一节针对性较强的"实践训练"，便于学习者更好地将理论运用于实践，提高运算速度和操作技能。

本书由江西旅游商贸职业学院会计金融分院罗荷英老师、李薇老师任主编，江西旅游商贸职业学院会计金融分院李屏兰、张丽英、欧阳光明、杨巧老师，南昌市财贸职业学校的陈桂芬老师等参编，另外，中国建设银行江西省分行的陈东民会计师给予了大力支持。具体分工如下：第1~6章由罗荷英编写，第7章由陈桂芬编写，第8章由李薇编写，第9章由张丽英编写。书中各章的"实践训练"部分由杨巧、李屏兰、欧阳光明老师编写，全书由罗荷英老师总纂定稿，由江西旅游商贸职业学院周红缨教授主审。

书中难免存在错误和疏漏之处，恳请读者朋友继续批评指正。

编　者
2016年1月

目　录

第一部分　珠算技术

第二部分 数字录入技术

第三部分 简单心算技术

第四部分 点钞技术

附 录

第一部分
珠算技术

第 1 章

珠算基础知识

[学习要点和难点]

学习要点：认数、置数、握笔方法、操盘置数、拨珠方法、数码字的书写。

学习难点：置数、两指联拨、三指联拨。

● 1.1 珠算概述

1.1.1 珠算的起源和历史

珠算是以算盘为工具进行数字计算的一种方法，被誉为中国第五大发明，是中华民族的宝贵文化遗产。珠算源远流长，但究竟源于何代，迄今仍众说不一。据考证，"珠算"一词最早的书面记载见于公元190年东汉数学家徐岳所著《数术记遗》："珠算，控带四时，经纬三才。"1921年，河北巨鹿县故城出土了一颗北宋时期（公元1108年）因黄河泛滥改道而被淹埋在地下的木质算盘珠（直径2.11厘米，中间有串档孔），其形状已和现在的圆形算盘珠类似了。

最早的珠算专著，是公元1573年由明代学者徐心鲁订正的《盘珠算法》（全名为《新刊订正家传秘诀盘珠算士民利用》），书中绘有当时的算盘图式。明代商人、数学家程大位所著的《算法统宗》于公元1592年刻印。此书对珠算的计算方法做了详细的讲解，并附有七珠十三档初定算盘图式，其翻刻种类之多、传播之广，在中国古算书中堪称第一，在珠算的推广、普及方面贡献巨大。

算盘及其使用方法在明代以后相继传入日本、朝鲜及东南亚地区，对这些国家和地区计算数学的发展产生了重大的影响，近年在美洲也渐流行。由于算盘不但是一种极简便的计算工具，而且具有独特的教育职能，所以到现在仍盛行不衰。

1.1.2 珠算的发展

珠算被代代流传下来，不仅逾千年而不衰，而且得到了长足的发展，这与算盘是分不开的。算盘是中国古代的一项伟大发明，引起了中国传统计算方法的变革，促进了计算数学的发展。算盘的最大特点是"随手拨珠便成答数"和"珠动则数出"，与之相应有一整套珠算口诀，口诵手拨，运算起来十分简便、迅捷，故很快受到人们的喜爱，并迅速被推广。从世界范围看，算盘也是古代最先进的计算工具，即使在普遍使用计算机和计算器的今天，在加减运算方面，算盘的优势还是比较突出的。

珠算凭借其独有的多种功能所带来的无穷魅力，赢得了世人的青睐。我国民间开办了大量的珠心算教育学校；美国把珠算作为"新文化"引进；墨西哥不少高等学校设立了珠算博士学位；汤加国王为推动珠算教育，亲自为学生上课；20世纪90年代，马来西亚引进中国珠算，在小学进行实验，证明这种方法能帮助孩子学好数学。马来西亚在1995年把中国珠算列入小学1~3年级的必修课程；在德国统计局的大楼前矗立着一座巨大的算盘雕塑；日本是珠算补习学校最多的国家之一，多家补习学校采用了用珠算教育开发学生脑力的教学模式。巴西、新加坡、印度尼西亚、泰国、越南、柬埔寨、土耳其、苏丹、孟加拉国等国家都在积极传播中国珠算文化……不胜枚举的事实表明，我国的珠算早已越出国门，走向世界。

2008年，国发〔2008〕19号文将安徽省黄山市屯溪区、中国珠算心算协会申报的珠算（程大位珠算法、珠算文化）正式列为第二批国家级非物质文化遗产。2013年12月4日，联合国教科文组织通过审议，将珠算正式列入《人类非物质文化遗产代表作名录》。

1.1.3　珠算的功能

珠算有着无限广阔的发展前景，这主要是由于珠算本身有着丰富的内涵，不仅计算方法简便易学，而且有良好的启智和教育功能，任何其他计算技术、计算工具都不能将其取代。

1）珠算的计算功能

珠算（现已发展为珠心算）是一项计算技术。李政道博士曾说过，"中国的算盘，可以说是古代的计算机"。可以从三个发展阶段来看珠算的计算功能变化：第一阶段，主要是沿用一直以来的算盘及计算方法，这一阶段尽管有某些改良，但无大的变化；第二阶段，珠算及算盘发生了一些重大的改革，如算具的结构、体积等多项内容改革，更重要的是算法上的改革，如加减并用、一目多行结合心算法，乘除用双九九、一口清（"本个"加"后进"、九九变积等）结合心算法，这些改革使计算速度有了飞跃；第三阶段，珠算发生了质的变化，现代珠算式心算产生并发展，这也是科技发展史上的一项创新，加减算速度在某些情况下甚至超过计算机，当然，现在的计算机和珠算在总体应用上并无可比性，应该说各有所长，并行不悖。

2）珠算的教育功能

珠算的教育功能已日益得到社会的重视和应用，开展珠算（包括珠心算）教育对数学教育是极为有利的。经过多年教学实践证明：珠算教学符合学习心理，珠动数出，直观又形象，脑、手、眼并动，手段得法，易学易懂。珠算教学程序严格，要求达到正确、迅速、高效、规范、准确，这对于培养人的优秀素质是十分有利的。世界上许多国家已清楚地意识到这一点，日本就在继承先人重视珠算这一传统的意识基础上大力发展珠算教育，珠算、暗算（珠心算）学校遍地开花。当前世界各国在科技大发展、大竞争中均重视珠算教育。

3）珠算的启智功能

现代科学研究表明，现代人的大脑潜力只利用了 5%～15%。人在一生中都存在开发智力的可能性，而使智力得到高度发展主要依靠优秀的教育方法。近年来的实践表明，珠算教育是最好的方法之一。在教学阶段的珠算练习中，脑、眼、手并用，且不断强化作用力度，能够大大提高脑神经的活动频率，发挥启智功效，并提高计算能力。

珠算由于有着特殊的计算、教育、启智功能，为现代计算工具所无法替代，因此不仅没有被淘汰，反而随着社会的发展不断进步，正在为人类做出更大的贡献。

● 1.2　算盘结构及数字的书写

1.2.1　算盘的结构

算盘一般呈长方形，由框（边）、梁、档、珠四个基本部分所组成，改进后的算盘又增加了清盘器、记位点和垫脚等装置（如图 1-1 所示）。

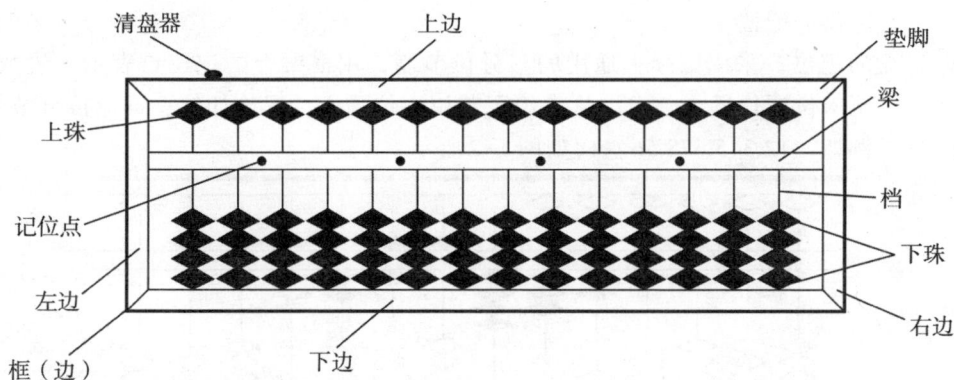

图 1-1

框（边），是指算盘的四周框，用以固定算盘的梁、档、珠各部分，它决定了算盘的大小及形状。

梁，是指连接左右两边的一条横木，将盘面分为上下两部分。

档，是连接上下两边并穿过横梁的细柱，用以穿连算珠并表示数位。

珠，即算珠，用以表示数，梁上部分叫上珠，梁下部分叫下珠。

清盘器，是连接横梁用以使算珠离梁的装置，主要用于提高清盘的速度与质量，其操作按钮装在算盘上边的左端。

垫脚，装在算盘左右两边的底面，共三个，其作用是使算盘底面离开桌面，当推（拉）算盘下面的计算资料时，垫脚可以防止算珠被带动。

记位点，是在梁上做出的记位标记，主要作用是方便计数与看数，每隔三档一个记位点，每个记位点在两档之间。

1.2.2   清盘与置数

1）清盘

清盘，就是把靠梁的算珠拨离横梁使其成为空盘，便于进行下一次计算。清盘的方法因使用的算盘不同而有所不同。

清盘器使用：算盘的左上方有清盘器，只要轻轻按动它，就可以达到清盘的作用。

手动清盘：在算盘上没有清盘器或清盘器损坏的情况下，可以使用此法，即用拇指、食指轻轻捏住横梁，自右至左，轻轻滑过，上珠和下珠即可离开横梁。

2）置数

（1）算盘的记数

算盘记数，用档表示位，高位在左，低位在右，每隔一档相差10倍；用算珠表示数，靠梁的算珠表示数字，离梁的盘面数表示0，下珠一颗当1，上珠一颗当5。记1～4只需下珠靠梁，记5拨入上珠，记6～9要兼拨上珠和下珠，0以空档表示。

在珠算中采用"五升十进制"，即本档记满5时升一上珠，称为"五升"；本档记满10时前档进一下珠，称为"十进"。

（2）算盘的记位

算盘的记位，采用国际上通用的三分位节制，用横梁上的记位点表示。置数时，可从首位至末位逐位置入，也可从末位至首位逐位置入，无论如何，都应按分节号有序进行。例如，12,345,678.56盘面如图1-2所示。

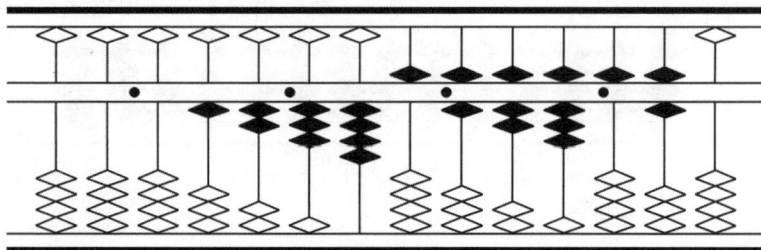

图1-2

1.2.3   操盘的姿势

打算盘的姿势正确与否会直接影响运算的准确程度。打算盘的正确姿势是：算盘放在离桌沿10～15厘米的位置并与桌边基本平行，算盘的中央部分基本上要与身体中心一致，上身距离桌沿约10厘米。打算盘时，身要正，腰要直，双肩自然放松，两脚自然分开，头稍低，眼向下，右臂肘部略为抬起，不能倚靠桌面，摆动的幅度不宜过大，左手指着数字或者放在清盘器的位置。运算时，精力要高度集中，靠翻动眼皮看数，不要摇头。

1.2.4   握笔的方法

珠算要求握笔运算，用手拨珠并持笔书写计算结果，握笔方法如下：

①用无名指和小指握住笔尖部分，笔身横在拇指和食指之间，使拇指、食指和中

指能够灵活拨珠（如图 1-3 所示）。

　　②将笔夹在无名指和小指之间，笔尖指向小指，笔身横在右手拇指与食指间（如图 1-4 所示）。

　　③菱珠小算盘握笔法，将笔置于右手拇指与食指间，笔头上端伸出虎口，笔尖露在食指与中指之外（如图 1-5 所示）。

图 1-3　　　　　　　　　　图 1-4　　　　　　　　　　图 1-5

1.2.5　数字的书写

　　计算与书写是统一整体，只有两者都完全正确，所得到的资料才真实、可靠，具有使用价值。因此，必须注意数字书写并掌握其书写技能。

　　1）大写数字的书写

　　（1）大写数字用字

　　大写数字主要用于填制需要防止涂改的凭证，如收据、发票、支票及经济合同等。大写数字是由数码和数位组成的。数码（数量用字）包含壹、贰、叁、肆、伍、陆、柒、捌、玖、零等，数位包含分、角、元、拾、佰、仟、万等。

　　（2）汉字金额书写规定

　　①大写数字的书写。

　　A.大写数字应用正楷或行书填写，要求：字迹端正，易于辨认；不能使用美术字、印刷体；不得使用不规范的简化字；不得用一、二（两）、三（仨）、四、五、六、七、八、九、十、另（○）等代替。

　　B.在票据和凭证中填写大写数字时，要求标准规范、要素齐全、正确清晰、防止涂改。

　　C."拾"字前应有数量用字，以防被添加涂改。例如，￥10.00 的大写应为"人民币壹拾元整"，而不能写成"人民币拾元整"；￥5,010.00 的大写应为"人民币伍仟零壹拾元整"，而不能写成"人民币伍仟零拾元整"。

　　②"人民币"字样的使用。

　　大写金额数字前应标明"人民币"字样。凭证中大写金额栏内未印"人民币"字样的，应加填"人民币"三个字。票据（支票、汇票和本票）及银行结算凭证（汇款单、存款单）大写金额栏内的大写金额数字应紧接"人民币"字样填写，不得留有空格或加填冒号。例如，￥500.00 的大写应为"人民币伍佰元整"，而不能写成"人民币　伍佰元整"或"人民币：伍佰元整"。

　　③"整"字的用法。

　　人民币以元为主币，角、分为辅币。大写金额数字至元为止的，元后面应写

“整”字；到角为止的，“整”字可写可不写；到分为止的，不应再写“整”字。例如，￥30.00的大写为“人民币叁拾元整”，￥561.40的大写为“人民币伍佰陆拾壹元肆角”或“人民币伍佰陆拾壹元肆角整”。

④“零”的用法。

A.大写金额角、分为零或有角无分，大写金额中零不再写出。例如，￥436.00的大写为“人民币肆佰叁拾陆元整”，￥43.80的大写为“人民币肆拾叁元捌角”。

B.若小写金额中间有一个零，大写金额中这个零应写出来。例如，￥804.27的大写为“人民币捌佰零肆元贰角柒分”，￥435.03的大写为“人民币肆佰叁拾伍元零叁分”。

C.若小写金额中间连续有几个零，大写金额中可只写一个零。例如，￥5,008.00的大写为“人民币伍仟零捌元整”。

D.若小写金额元位（或万位）是零，或元位是零且左边与其相连的几位均为零，但角位不是零时，大写金额中可以只写一个零，也可以不写零。例如，￥1,930.40的大写为“人民币壹仟玖佰叁拾元零肆角”或“人民币壹仟玖佰叁拾元肆角”，￥108,000.46的大写为“人民币壹拾万捌仟元肆角陆分”或“人民币壹拾万捌仟元零肆角陆分”。

⑤其他规定。

发票、收据等凭证的大写金额栏内，一般均印有“人民币”字样及固定的大写金额数位，填写大写金额时，只需填入数量用字。若小写金额尾数是0时，其大写对应位置为“零”字，大写金额栏前端未用部分应用规定符号划销，如图1-6所示。

××　发　票

NO. 00458806

购货单位：上海宇航贸易有限公司　日期：2009年7月3日

品名	型号	单位	数量	单价	金额 十	万	千	百	十	元	角	分
联想一体打印机	M3120	台	1	1,390.00			1	3	9	0	0	0
人民币（大写）	⊗拾 ⊗万壹仟叁佰玖拾零元零角零分					￥	1	3	9	0	0	0

制单：李艳　　收款：方红　　发货：罗辉

图1-6

（3）汉字日期书写规定

票据的出票日期必须使用中文大写。为了有效防止更改票据的出票日期，在填写月、日时，月为1、2和10的，日为1～9及10、20和30的，应在其前加“零”；日为11～19的，应在其前加“壹”。例如，1月16日应写成“零壹月壹拾陆日”，如10月20日应写成“零壹拾月零贰拾日”。

2）小写数字的书写

（1）小写数字用字

阿拉伯数字是世界上通用的数字，应用范围较广，特点是整齐、美观、不易涂改，多在填写单、表、账、册及记录计算结果时作为小写数字使用。小写数字用字为1、2、3、4、5、6、7、8、9、0。

（2）小写数字的书写规定

在账表、票据或凭证上书写小写数字时要做到字形规范、笔画流利、大小均匀、不易涂改（如图1-7所示），要领如下：

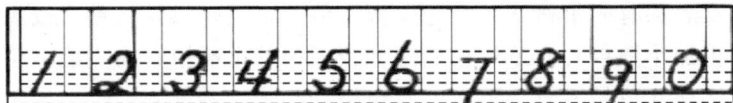

图1-7

①书写时应自上而下，先左后右，字字清晰，不能似是而非。

②数码压线齐，高度一致。高度约为账格的1/2或1/3，并应紧贴账格下线书写。

③数码须有一定斜度，与底线约成60度夹角。

④"4"的两竖应平行，顶端留有缺口，不能封闭。

⑤"6"的斜竖要伸至上半格的下1/4处。

⑥"7"和"9"的下端应伸至次行半格的上1/4处。

写错数字需要更正的，要把整个数字用单红线注销并将改正的数字写在上端（如图1-8所示），最后加盖人员印章，以明确责任。

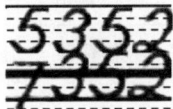

图1-8

（3）小写金额的书写规定

①分节号与小数点的应用。

书写小写数字时，应自左向右，即从高位到低位分别写出。为了易于辨认数值，方便读写与计算，当一个数字的整数部分超过三位时，国际通用"三位分节制"，即从该数字的个位起，自右向左，每三位数作为一节，节与节之间空一个字符的位置。我国珠算界习惯用分节号的方式分节，即在数字的节与节之间点上分节号"，"来表示，如"8,543,269.01"。若数字带有小数时，应在数字的个位和十分位之间点上小数点。须特别注意分节号与小数点要有明显区别，分节号是"，"，小数点是"."，以免混淆。

②人民币符号"￥"的应用。

采用小写数字记录金额时，一般应在小写数字前加填人民币符号"￥"。"￥"是汉语拼音"yuan"（元）的缩写，它既代表人民币单位"元"，又代表人民币制。因此，凡在小写金额前已填人民币符号的，后面就无须再写主币单位"元"字。例如，

"￥270.92"即代表人民币贰佰柒拾元玖角贰分。需要注意，人民币符号"￥"与小写金额数字之间不能留有空格，更不能将人民币符号写得像某个数码，以防被添上其他数字或涂改。

③角、分位的书写。

若金额数字没有角、分，即到"元"为止时，小写金额数字角、分位应用"00"补齐，不得空而不写。例如，人民币捌佰零陆元整应写成"￥806.00"，人民币捌元柒角应写成"￥8.70"。

④登记账簿、编制报表的特别规定。

因账簿和报表都有固定格式，登记账簿、编制报表时只需将数字按规定填入相应格中，不需要再加小数点和分节号；账簿和报表中的金额数字前不能加填人民币符号"￥"；金额数字后几位是零时，不能留有空格，必须用零补齐。

● 1.3　拨珠指法

拨珠指法是珠算技术的基础。手指拨珠要求：分工协作，配合默契；用力适度，进退有序；动作连贯，节奏明快；干净利落，行如流水。拨珠方法分为两指联拨、三指联拨。手指拨珠的分工见表1-1。

表1-1 手指拨珠的分工

指法名称	手指分工		
	拇指	食指	中指
两指联拨	负责下珠靠梁，有时负责下珠离梁	负责上珠靠梁、上珠离梁、下珠离梁	
三指联拨	负责下珠靠梁	负责下珠离梁	负责上珠靠梁、上珠离梁

1.3.1　两指联拨

两指联拨是用右手的拇指、食指拨珠，中指、无名指和小指自然弯曲，为方便书写，可同时用无名指和小指握住笔杆。

（1）双合（上、下珠同时靠梁）

①同档双合：拇指拨下珠靠梁的同时，食指拨同档上珠靠梁，如0+8（如图1-9所示）。属于此种指法的部分情况还有0+9、0+7、0+6。

②左右档双合：拇指拨左档下珠靠梁的同时，食指拨右档上珠靠梁，如0+15（如图1-10所示）。要求在食指拨右档上珠靠梁的同时，拇指拨左档下珠靠梁，一次完成。属于此种指法的部分情况还有0+25、0+35、0+45。

（2）双分（上、下珠同时离梁）

①同档双分：拇指拨下珠离梁的同时，食指拨同档上珠离梁，如8-8（如图1-11所示）。属于此种指法的部分情况见表1-2。

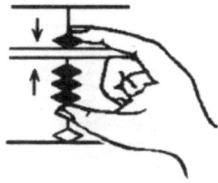

图 1-9　　　　　　　　　　　　　　图 1-10

表 1-2　　　　　　　　　　　　　　两指联拨的同档双分

9-9	9-8	9-7	9-6
	8-8	8-7	8-6
		7-7	7-6
			6-6

②左右档双分：拇指拨左档下珠离梁的同时，食指拨右档上珠离梁，如 35-35（如图 1-12 所示）。属于此种指法的部分情况见表 1-3。

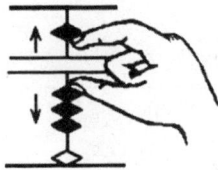
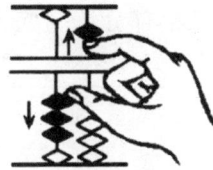

图 1-11　　　　　　　　　　　　　　图 1-12

表 1-3　　　　　　　　　　　　　　两指联拨的左右档双分

45-45	45-35	45-25	45-15
	35-35	35-25	35-15
		25-25	25-15
			15-15

（3）双上（下珠靠梁同时上珠离梁）

①同档双上：拇指拨下珠靠梁的同时，食指拨同档上珠离梁，如 5-2（如图 1-13 所示）。属于此种指法的部分情况见表 1-4。

表 1-4　　　　　　　　　　　　　　两指联拨的同档双上

5-1	5-2	5-3	5-4
	6-2	6-3	6-4
		7-3	7-4
			8-4

②左右档双上：拇指拨左档下珠靠梁的同时，食指拨右档上珠离梁，如 5+15

（如图1-14所示）。属于此种指法的部分情况见表1-5。

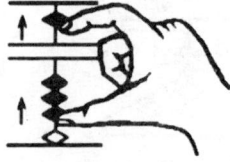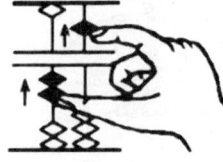

图1-13   图1-14

表1-5   两指联拨的左右档双上

5+5	5+15	5+25	5+35
15+5	15+15	15+25	
25+5	25+15		
35+5			

（4）双下（下珠离梁同时上珠靠梁）

①同档双下：拇指拨下珠离梁的同时，用食指拨同档上珠靠梁，如2+3（如图1-15所示）。属于此种指法的部分情况见表1-6。

表1-6   两指联拨的同档双下

4+1	4+2	4+3	4+4
	3+2	3+3	3+4
		2+3	2+4
			1+4

②左右档双下：拇指拨左档下珠离梁的同时，用食指拨右档上珠靠梁，如20-15（如图1-16所示）。属于此种指法的部分情况见表1-7。

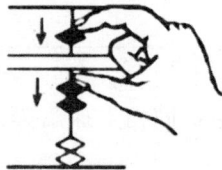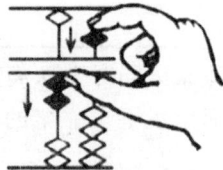

图1-15   图1-16

表1-7   两指联拨的左右档双下

10-5	20-5	30-5	40-5
	20-15	30-15	40-15
		30-25	40-25
			40-35

（5）扭进（左档下珠靠梁同时右档下珠离梁）

拇指拨左档下珠靠梁的同时，食指拨右档下珠离梁，如 1+9（如图 1-17 所示）。属于此种指法的部分情况见表 1-8。

表 1-8　　　　　　　　　　　　两指联拨的扭进

1+9			
2+9	2+8		
3+9	3+8	3+7	
4+9	4+8	4+7	4+6

（6）扭退（左档下珠离梁和右档下珠同时靠梁）

食指拨左档下珠离梁的同时，拇指拨右档下珠靠梁，如 10-9（如图 1-18 所示）。属于此种指法的部分情况见表 1-9。

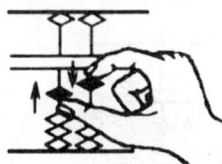 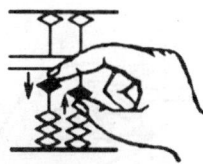

图 1-17　　　　　　　　　　　　图 1-18

表 1-9　　　　　　　　　　　　两指联拨的扭退

10-9	10-8	10-7	10-6
11-9	11-8	11-7	
12-9	12-8		
13-9			

1.3.2　三指联拨

三指联拨是用右手的拇指、食指和中指拨珠，无名指和小指自然弯曲，为方便书写，可同时用无名指和小指握住笔杆。

（1）拇指和中指联拨

①双合（上、下珠同时靠梁）。

A.同档双合（同档上、下珠同时靠梁）：拇指拨下珠靠梁的同时，中指拨同档上珠靠梁，如 0+6（如图 1-19 所示）、0+7、0+8、0+9 等。

B.左右档双合（左档下珠和右档上珠同时靠梁）：拇指拨左档下珠靠梁的同时，中指拨右档上珠靠梁，如 0+15（如图 1-20 所示）、0+25、0+35、0+45 等。

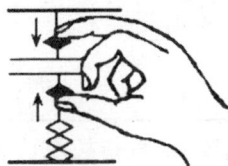 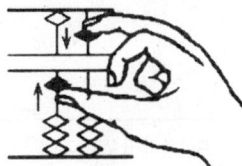

图 1-19　　　　　　　　　　　　图 1-20

②双上（下珠靠梁同时上珠离梁）。

A.同档双上（下珠靠梁同时同档上珠离梁）：拇指拨下珠靠梁的同时，中指拨同档上珠离梁，如5-4（如图1-21所示）。属于此种指法的部分情况见表1-10。

表1-10　　　　　　　　　　　　三指联拨的同档双上

5-1	5-2	5-3	5-4
	6-2	6-3	6-4
		7-3	7-4
			8-4

B.左右档双上（左档下珠靠梁同时右档上珠离梁）：拇指拨左档下珠靠梁的同时，中指拨右档上珠离梁，如5+5（如图1-22所示）。属于此种指法的部分情况见表1-11。

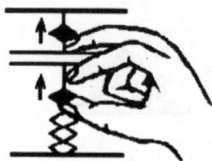　　　　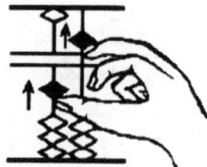

图1-21　　　　　　　　　　图1-22

表1-11　　　　　　　　　　　　三指联拨的左右档双上

5+5	5+15	5+25	5+35
15+5	15+15	15+25	
25+5	25+15		
35+5			

（2）食指和中指联拨

①双分（上、下珠同时离梁）。

A.同档双分（下珠和同档上珠同时离梁）：食指拨下珠离梁的同时，中指拨同档上珠离梁，如7-7（如图1-23所示）。属于此种指法的部分情况见表1-12。

表1-12　　　　　　　　　　　　三指联拨的同档双分

9-9	9-8	9-7	9-6
	8-8	8-7	8-6
		7-7	7-6
			6-6

B.左右档双分（左档下珠和右档上珠同时离梁）：食指拨左档下珠离梁的同时，中指拨右档上珠离梁，如35-35（如图1-24所示）。属于此种指法的部分情况见表1-13。

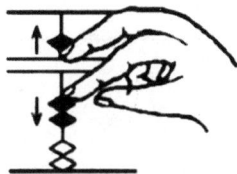
图1-23

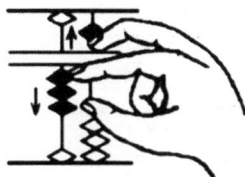
图1-24

表1-13 三指联拨的左右档双分

45-45	45-35	45-25	45-15
	35-35	35-25	35-15
		25-25	25-15
			15-15

②双下（下珠离梁同时上珠靠梁）。

A.同档双下（下珠离梁同时同档上珠靠梁）：食指拨全部下珠离梁的同时，中指拨上珠靠梁，如3+2（如图1-25所示）。属于此种指法的部分情况见表1-14。

表1-14 三指联拨的同档双下

4+1	4+2	4+3	4+4
	3+2	3+3	3+4
		2+3	2+4
			1+4

B.左右档双下（左档下珠离梁同时右档上珠靠梁）：食指拨左档下珠离梁的同时，中指拨右档上珠靠梁，如20-15（如图1-26所示）。属于此种指法的部分情况见表1-15。

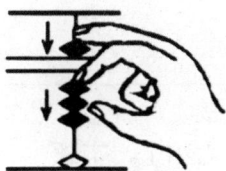
图1-25

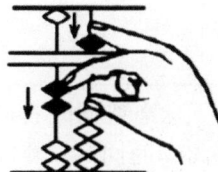
图1-26

表1-15 三指联拨的左右档双下

10-5	20-5	30-5	40-5
	20-15	30-15	40-15
		30-25	40-25
			40-35

（3）拇指和食指联拨

①扭进（左档下珠靠梁同时右档下珠离梁）。

拇指拨左档下珠靠梁的同时，食指拨右档下珠离梁，如1+9（如图1-27所示）。属于此种指法的部分情况见表1-16。

表 1-16 三指联拨的扭进

1+9			
2+9	2+8		
3+9	3+8	3+7	
4+9	4+8	4+7	4+6

②扭退（左档下珠离梁同时右档下珠靠梁）。

食指拨左档下珠离梁的同时，拇指拨右档下珠靠梁，如 10-9（如图 1-28 所示）。属于此种指法的部分情况见表 1-17。

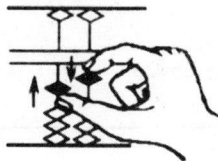 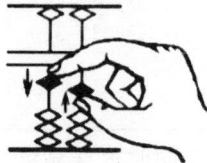

图 1-27　　　　　　　　图 1-28

表 1-17 三指联拨的扭退

10-9	10-8	10-7	10-6
11-9	11-8	11-7	
12-9	12-8		
13-9			

（4）拇指、中指和食指三指联拨

①三指进（左档下珠靠梁同时右档上、下珠离梁）。

拇指拨左档下珠靠梁的同时，中指、食指拨右档上、下珠离梁（双分），如 6+4（如图 1-29 所示）。属于此种指法的部分情况见表 1-18。

表 1-18 三指联拨的三指进

6+4			
7+4	7+3		
8+4	8+3	8+2	
9+4	9+3	9+2	9+1

②三指退（左档下珠离梁同时右档上、下珠靠梁）。

食指拨左档下珠离梁的同时，中指、拇指拨右档上、下珠靠梁（双合），如 10-4（如图 1-30 所示）。属于此种指法的部分情况见表 1-19。

图 1-29　　　　　　　　图 1-30

表 1-19 三指联拨的三指退

10-4	10-3	10-2	10-1
11-4	11-3	11-2	
12-4	11-3		
13-4			

● 1.4　实践训练

1.4.1　书写练习

1）大写数字书写练习

请在表1-20中练习大写数字书写。

表1-20　　　　　　　　　　　　大写数字书写练习

零								
壹								
贰								
叁								
肆								
伍								
陆								
柒								
捌								
玖								
拾								
佰								
仟								
万								
亿								
元								
角								
分								
整								

2）小写数码字书写练习

请在表1-21中练习小写数码字书写。

表1-21　　　　　　　　　　　小写数码字规范写法

	1									2									3									4							
千	百	十	万	千	百	十	元	角	分	千	百	十	万	千	百	十	元	角	分	千	百	十	万	千	百	十	元	角	分	千	百	十	万	千	百	十	元	角	分

3）数码字练习

（1）在下列大写金额右侧写出小写金额

①人民币叁拾捌万叁仟柒佰壹拾陆元整

②人民币贰仟零陆元整

③人民币壹拾元叁角陆分

④人民币捌佰柒拾肆元叁角整

⑤人民币叁角叁分

（2）在下列各小写金额右侧写出大写金额

①￥536.42

②￥6,500.00

③￥7,159.29

④￥20.82

⑤￥65,600.60

1.4.2　拨珠指法练习

1）两指联拨法

（1）单指拨珠

①拇指拨珠靠梁

320,421	320,131	121,332	323,213
124,023	121,312	312,102	120,131
320,422	123,431	332,432	141,302
124,022	321,013	102,012	203,041
121,431	132,043	312,034	324,012
301,013	312,301	121,400	110,321

②拇指拨珠靠梁和食指拨珠靠梁、离梁

323,234	232,143	142,434	333,414
−323,234	−221,143	−131,234	−132,312
432,043	342,241	444,302	443,233
−112,021	−122,031	−234,101	−231,203
332,243	534,524	454,352	545,455
−121,102	−513,513	−153,051	−535,355

（2）联合拨珠

①双合

609,060	7,090,709	6,070,806	7,080,906
90,706	806,070	608,090	607,680

151,515	625,735,816	652,752,821	357,158,610
627,280	263,260,172	26,026,076	602,631,279

②双分

678,867	768,967	666,789	9,789,898
−666,767	−768,866	−666,789	−9,789,898

987,898	899,889	898,989	9,876,679
−876,787	−676,776	−767,676	−9,876,679

③双上

567,865	678,676	568,765	5,476,678
−324,432	−434,232	−144,442	−2,132,334

6,587,675	5,675,076	67,758,585	67,865,756
−3,443,344	−3,434,044	23,434,241	−33,442,424

④双下

234,134	342,143	124,432	344,233
321,421	213,412	431,123	343,434

243,434	434,243	314,060	721,010
443,343	343,434	−255,505	−155,505

⑤扭进

123,432	342,134	342,432	436,786
987,678	768,976	879,789	789,979

347,688	324,187	434,344	343,423
868,978	797,998	988,889	978,798

⑥扭退

102,030	232,132	367,262	162,765
−80,706	−98,798	−78,979	−78,976
237,667	267,356	267,305	177,338
−99,788	−79,967	−89,967	−88,999

2）三指拨珠法

（1）单指拨珠

①拇指拨珠靠梁

21,412	24,011	31,332	23,213
13,021	20,312	12,102	20,131
320,422	12,431	40,432	41,302
24,011	401,013	402,001	203,041
21,431	132,043	412,034	324,012
301,013	12,301	21,400	10,321

②拇指拨珠靠梁、食指拨珠离梁

43,234	32,143	43,434	333,414
−32,011	−12,021	−22,402	−20,402
32,041	42,241	44,302	43,233
−12,021	−22,031	−24,101	−31,203
432,214	334,241	242,342	342,213
−21,102	−203,121	−131,021	−231,012

③中指拨珠靠梁、离梁

55,055	55,505	55,550	55,555
−5,055	−55,505	−55,050	−555
505,005	555,050	500,555	555,505
50,550	−5,050	−500,555	−50,500

−505,055	50,500	500,505	50,050
505,055	5,555	550,050	555,505
−505,050	−5,055	−50,050	−505,505
50,555	5,050	5,550	55,555

（2）联合拨珠——拇指、中指联拨

①同档双合

709,060	90,709	70,806	908,906
90,706	809,080	908,060	60,070
709,909	221,313	311,213	203,314
80,080	607,086	678,766	796,680

②左右档双合

151,515	353,515	352,025	551,515
25,151	25,250	35,250	45,250
254,535	232,021	311,213	203,314
25,250	152,525	153,525	251,535

③同档双分

998,799	898,098	998,709	909,809
−677,667	−686,076	−877,607	−707,607
988,879	938,648	947,589	969,479
−677,767	−717,026	−626,567	−685,266

④左右档双分

253,545	452,545	452,535	453,545
−151,525	−251,525	−251,515	−251,535
848,585	793,745	864,737	994,688
−252,515	251,515	−253,525	−253,525

⑤同档双上

555,555	567,886	675,876	567,765

−124,312	−423,442	−432,443	−243,421
586,765	657,565	756,586	856,758
−142,341	−324,142	−423,244	−412,344

⑥左右档双上

255,555	567,886	675,876	567,765
55,555	55,515	551,550	155,255

152,515	192,635	280,719	180,927
251,525	151,505	153,525	253,515

⑦同档双下

234,342	342,443	334,224	434,342
434,344	344,224	442,443	243,434

932,403	542,364	524,364	623,142
44,263	244,312	244,321	243,744

⑧左右档双下

304,020	309,274	728,493	914,230
−50,505	−152,505	−51,525	−251,505

938,491	804,273	438,291	948,371
251,535	−152,505	−251,535	−351,505

（3）联合拨珠——食指、中指联拨

①同档双分

76,897	690,787	768,678	986,699
−76,897	−690,787	−768,678	−986,699

967,487	829,764	695,878	448,976
−967,487	−829,764	−695,878	−448,976

②左右档双分

154,535	354,525	252,535	877,879
−154,535	−154,525	−252,535	−352,515

584,966	372,937	796,735	468,789
−454,515	−352,535	−251,535	−153,535

③同档双下

234,244	112,134	242,424	212,121
321,311	443,421	313,131	343,434

513,964	172,028	747,319	294,013
242,011	403,931	110,240	301,742

④左右档双下

102,040	404,040	303,040	423,130
−51,515	−352,515	−251,525	−352,525

344,142	903,172	918,442	8,247,481
−152,535	−252,515	−352,515	−151,525

（4）联合拨珠——拇指、食指联拨
①扭进

334,222	431,034	213,344	224,342
776,988	689,686	897,866	986,868

764,392	842,931	647,239	379,486
897,788	978,689	979,897	897,799

②扭退

111,111	111,315	343,221	312,015
−99,999	−98,998	−139,897	−289,889

435,127	952,716	970,217	857,516
−396,898	−369,879	−298,989	−169,878

（5）联合拨珠——拇指、中指和食指三指联拨
①进位——三指联拨

689,679	876,988	859,897	667,966
421,431	234,122	253,213	443,144

| 876,977 | 627,896 | 867,977 | 696,882 |
| 234,133 | 484,214 | 233,133 | 414,228 |

②退位——三指联拨

| 111,010 | 203,040 | 413,221 | 106,203 |
| −22,134 | −132,432 | −321,413 | −40,314 |

| 934,021 | 934,021 | 701,321 | 814,392 |
| −362,434 | −363,412 | −124,434 | −213,434 |

第 2 章

珠算加减法

[学习要点和难点]

学习要点：基本加减法、简捷加减法。

学习难点：简捷加减法。

珠算加减法是珠算乘除法计算的基础，在日常实际工作中应用非常广泛。

珠算加减法的运算顺序一般是从左到右，由高位算起，运算时首先确定个位档，然后按相同的数位加减即"同位相加，同位相减"的原则进行。人们在实际应用中，为了提高计算速度和准确度，也会先从高位到低位（即从左到右），再从低位到高位（从右到左），来回穿梭地进行运算，有的人还把每一行要加或要减的数字分成几段，首段从上而下数位对齐进行计算，而后，再从第二段、第三段依次进行计算。现分节介绍珠算的加减法。

● 2.1 补数与凑数

2.1.1 补数

两个数字的和为 10^n（n 为自然数）时，这两个数互为补数，其中一个数称为另一个数的补数。一位数互为补数的数对如下：

$$\begin{matrix} 1 \\ 9 \end{matrix} \Big\rangle 10 \qquad \begin{matrix} 2 \\ 8 \end{matrix} \Big\rangle 10 \qquad \begin{matrix} 3 \\ 7 \end{matrix} \Big\rangle 10 \qquad \begin{matrix} 4 \\ 6 \end{matrix} \Big\rangle 10 \qquad \begin{matrix} 5 \\ 5 \end{matrix} \Big\rangle 10$$

日常生活中，补数的概念常用到，比如购物时支付整数人民币找零等情况皆会用到。"首位相减再减一，中间凑九，末位减十"的找零方法在民间广泛流传，这就是求所购物品费用对于支付整数金额的补数方法。在珠算运算中，补数仅指"两数之和为十"一种情况。

2.1.2 凑数

两个数字之和为 5 时，这两个数互为凑数，其中一个数称为另一个数的凑数。凑数只有如下两对：

● 2.2　基本加法

2.2.1　加法的运算法则

加法运算的基本法则是：数位对齐，同位相加，满十进一。运算顺序，笔算一般从低位算起，珠算一般从高位算起。实际计算时从哪一位算起均可，可以灵活掌握。

2.2.2　加法的类别

加法有不同的类别，按计算时是否使用口诀可分为"口诀加法"和"无口诀加法"，在运算形式中又分为"进位加法"和"不进位加法"，等等。这里主要介绍无口诀加法。无口诀加法又可细分为四种类型：直加；补五的加；进一的加；破五进一的加。

1）直加

直加，是指在同一数位上两数相加，只需拨动本档的上珠或下珠或上、下珠同时靠梁的加法。

要领：眼看加数，本档要加几就拨几颗外珠靠梁。

【例 2-1】351+123=474

运算步骤如下：

①固定个位：在算盘上选定个位档，依次确定其他档位。

②置数：拨入被加数 351（如图 2-1 所示）使其成为内珠。

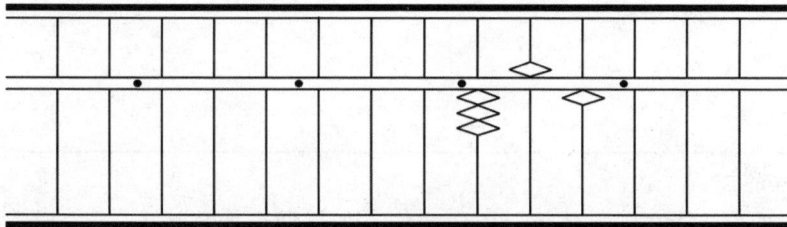

图 2-1

③拨加加数：将加数对准位数，从高位到低位各自对应相加。

拨加 123 时，以加数百位 1 对准被加数百位 3，拨加外珠 1 靠梁（如图 2-2 所示）。

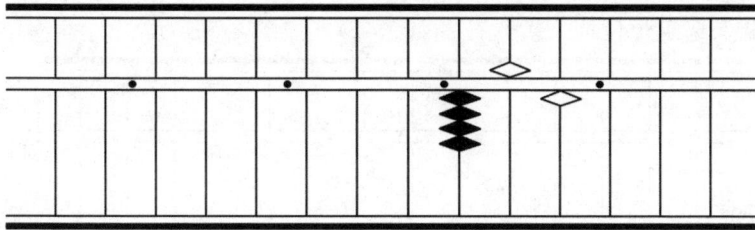

图 2-2

以加数十位 2 对准被加数十位 5，拨加外珠 2 靠梁（如图 2-3 所示）。

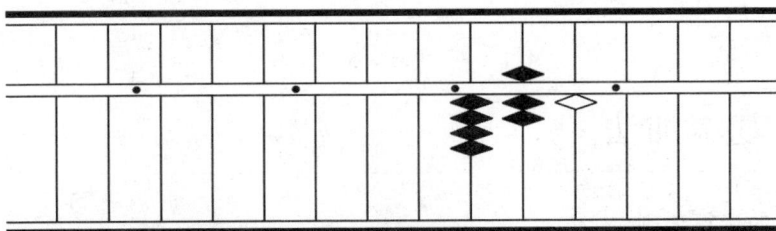

图2-3

以加数个位3对准被加数个位1，拨加外珠3靠梁（如图2-4所示）。此时，盘面示数474即为和数。

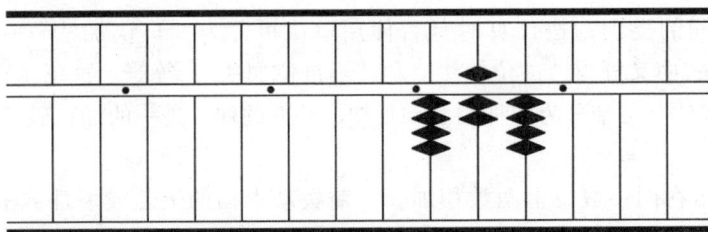

图2-4

④书写答案474。

属于直加的一位数加的见表2-1。

表2-1　　　　　　　　　　　　　　　　　　　一位数直加

1+1	1+2	1+3	1+5	1+6	1+7	1+8
2+1	2+2		2+5	2+6	2+7	
3+1			3+5	3+6		
			4+5			

2）补五的加

补五的加，是指在同一数位上两数相加，如果两个加数都小于5，而它们的和等于或大于5的加法。

要领：拨入上珠5，拨去加数的凑数。

【例2-2】3,424+3,142=6,566

①在算盘上选定个位档，拨入被加数3,424（如图2-5所示）。

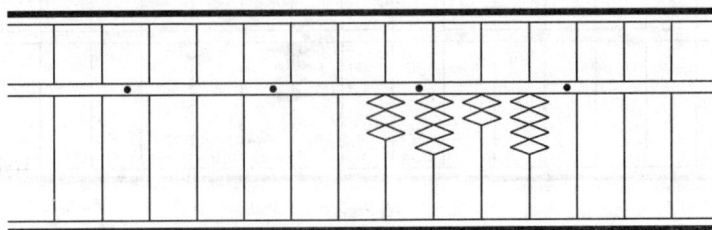

图2-5

②逐位拨加加数3,142。

在千位档拨入上珠5，拨去加数3的凑数2（如图2-6所示）。

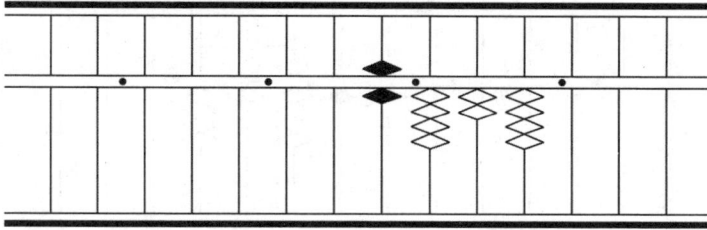

图2-6

依次在百位档、十位档、个位档拨入上珠5，并拨去加数1、4、2的凑数4、1、3（如图2-7所示）。

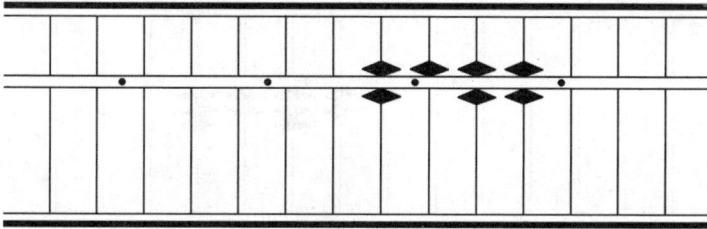

图2-7

③书写答案6,566。

属于补五的一位数加的见表2-2。

表2-2

补五的一位数加

4+1	4+2	4+3	4+4
	3+2	3+3	3+4
		2+3	2+4
			1+4

3）进一的加

进一的加，是指在同一数位档上两数相加，其和满10的加法。

要领：减去加数的补数，向左一档进一。

【例2-3】3,964+8,359=12,323

①在算盘上选定个位档，拨入被加数3,964（如图2-8所示）。

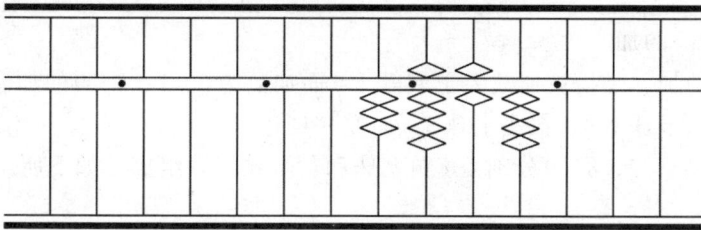

图2-8

②逐位拨加加数 8,359。

在千位档上减去加数 8 的补数 2，并向左一档进一（如图 2-9 所示）。

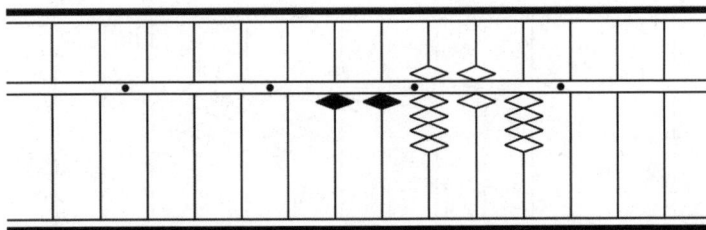

图 2-9

依次在百位档、十位档、个位档减去加数 3、5、9 的补数 7、5、1，并分别向左一档进一（如图 2-10 所示）。

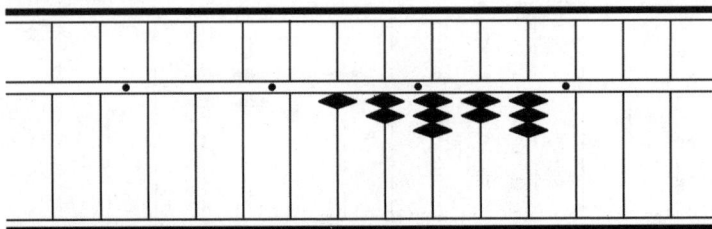

图 2-10

③书写答案 12,323。

属于进一的一位数加的见表 2-3。

表 2-3　　　　　　　　　　　　　进一的一位数加

1+9				5+5	6+4			
2+9	2+8			6+5	7+4	7+3		
3+9	3+8	3+7		7+5	8+4	8+3	8+2	
4+9	4+8	4+7	4+6	8+5	9+4	9+3	9+2	9+1
6+9	7+8	8+7	9+6	9+5				
7+9	8+8	9+7						
8+9	9+8							
9+9								

4）破五进一的加

破五进一的加，是指被加数大于或等于 5 而加数为 6、7、8、9 的加法。

要领：拨入下珠 1~4，拨去上珠 5，向左一档进一。

在算盘中，6、7、8、9 分别由 1 颗上珠和若干颗下珠组成，如下所示：

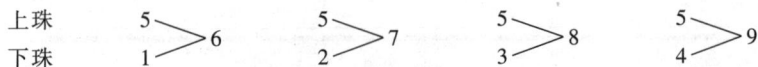

上珠　　　5＞6　　　5＞7　　　5＞8　　　5＞9
下珠　　　1　　　　　2　　　　3　　　　4

当加数为 6 时，拨入下珠 1；当加数为 7 时，拨入下珠 2；当加数为 8 时，拨入下珠 3；当加数为 9 时，拨入下珠 4。

【例 2-4】7,565+7,968=15,533

①在算盘上选定个位档，拨入被加数 7,565（如图 2-11 所示）。

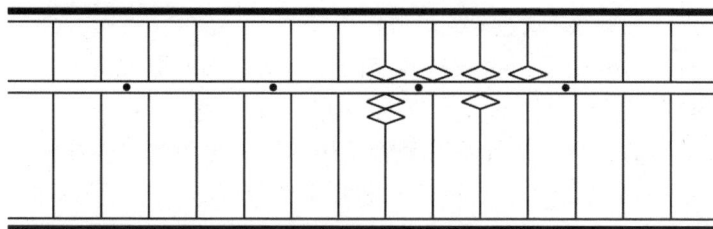

图 2-11

②逐位拨加加数 7,968。这也是进一的加，这种情况下不能直接减去加数的补数，需要根据加数的具体情况来处理。

在千位档上拨加加数 7，因为不能直接减去加数的补数，所以在本档拨入下珠 2，同时拨去上珠 5，向左一档进一（如图 2-12 所示）。

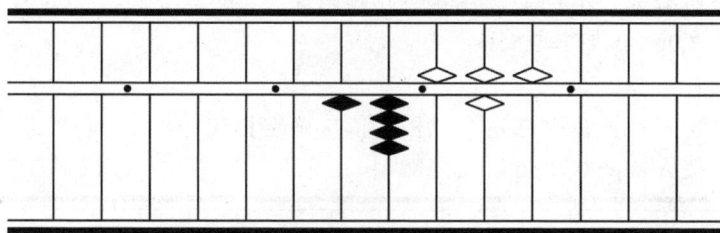

图 2-12

依次拨加其他各位加数，分别拨入下珠 4、1、3，同拨去上珠 5，并向左一档进一（如图 2-13 所示）。

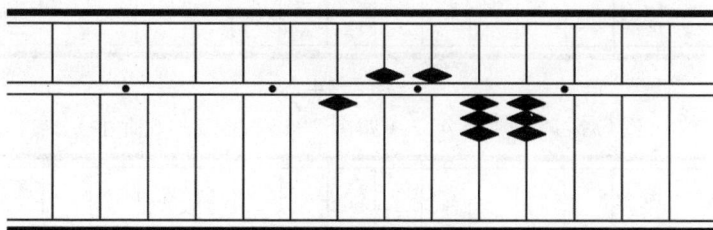

图 2-13

③书写答案 15,533。

属于破五进一的一位数加的见表 2-4。

表 2-4　　　　　　　　　　　　　　　破五进一的一位数加

5+6	5+7	5+8	5+9
6+6	6+7	6+8	
7+6	7+7		
8+6			

● 2.3　基本减法

2.3.1　减法的计算法则

减法的算式：被减数−减数=差。

减法运算的基本法则是：位数对齐，同位相减，不够退位。

2.2.2　减法的类别

减法也有不同的类别，按计算时是否使用口诀可分为"口诀减法"和"无口诀减法"，在运算形式中又分为"退位减法"和"不退位减法"，等等。这里重点介绍无口诀减法。无口诀减法又可细分为四种类型：直减；破五的减；退一的减；退一还五的减。此外还有借减法。

1）直减

直减，是指同一数位上两数相减只需拨动本档上珠或下珠，或者上、下珠离开横梁的减法。

要领：眼看减数，本档要减几就拨几颗内珠离梁。

【例2−5】7,967−5,417=2,550

运算步骤：

①固定个位：在算盘上选定个位档，依次确定相应档位。

②置数：拨入被减数7,967（如图2−14所示）。

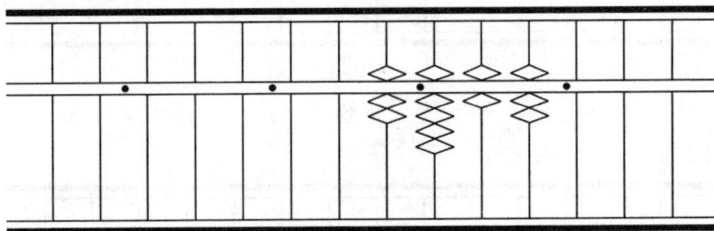

图2−14

③拨减减数：逐位拨减减数5,417（如图2−15、图2−16所示）。

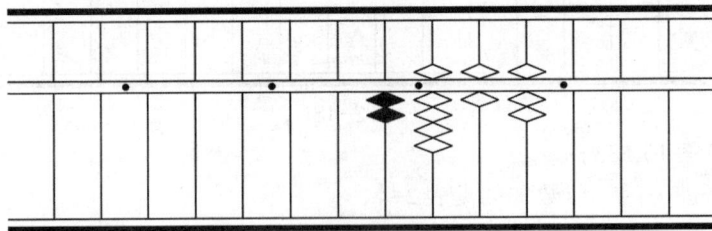

图2−15

④书写答案2,550。

属于直减的一位数减的见表2−5。

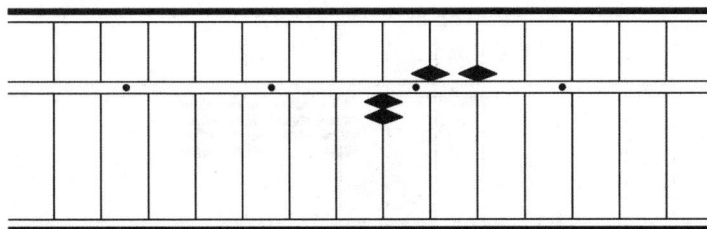

图 2-16

表 2-5　　　　　　　　　　　　一位数直减

9-9	9-8	9-7	9-6	9-5	9-4	9-3	9-2	9-1
	8-8	8-7	8-6	8-5		8-3	8-2	8-1
		7-7	7-6	7-5			7-2	7-1
			6-6	6-5				6-1

2）破五的减

破五的减，是指本档被减数虽然够减，但下珠不够减，要拨去上珠，同时把多拨去的数用下珠补上的减法。

要领：拨入减数的凑数，拨去上珠 5。

【例 2-6】6,757-2,413=4,344

①在算盘上选定个位档，拨入被减数 6,757（如图 2-17 所示）。

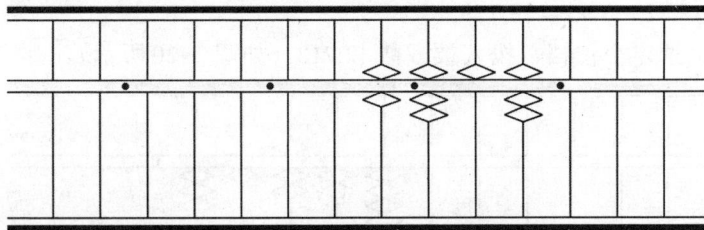

图 2-17

②逐位拨减减数 2,413。

在千位档上拨入减数 2 的凑数 3，同时拨去上珠 5（如图 2-18 所示）。

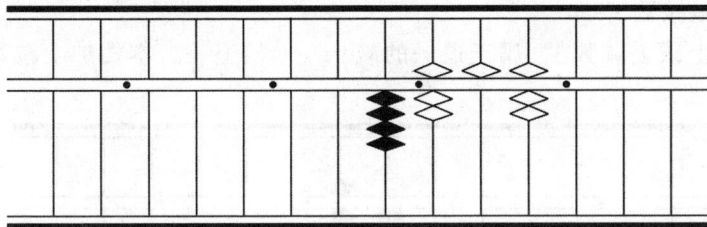

图 2-18

依次在其余各位档上拨入减数的凑数 1、4、2，同时拨去上珠 5（如图 2-19 所示）。

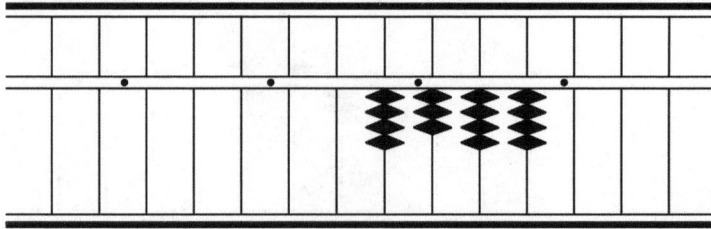

图 2-19

③书写答案 4,344。

属于破五的一位数减的见表 2-6。

表 2-6　　　　　　　　　　　　　破五的一位数减

8-4			
7-4	7-3		
6-4	6-3	6-2	
5-4	5-3	5-2	5-1

3）退一的减

退一的减，是指本档被减数不够减，必须向左边一档借一，把差数加在本档上的减法。

要领：左一档退一，本档加上减数的补数。

【例 2-7】42,713-3,954=38,759

①在算盘上选定个位档，拨入被减数 42,713（如图 2-20 所示）。

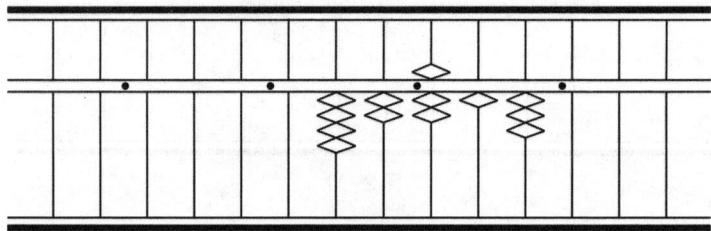

图 2-20

②逐位拨减减数 3,954。

在千位档上减去减数 3，属于退一的减。左一档退一，本档加上减数的补数 7 即可（如图 2-21 所示）。

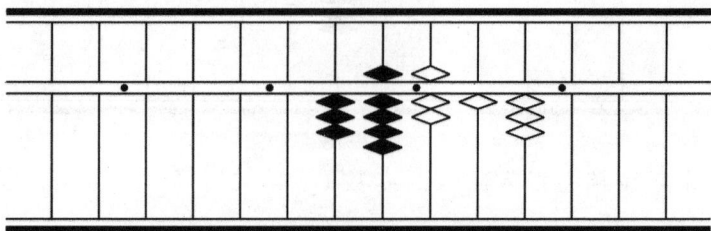

图 2-21

其余各位数的运算应分别为左一档退一，本档分别加上减数 9、5、4 的补数 1、5、6（如图 2-22 所示）。

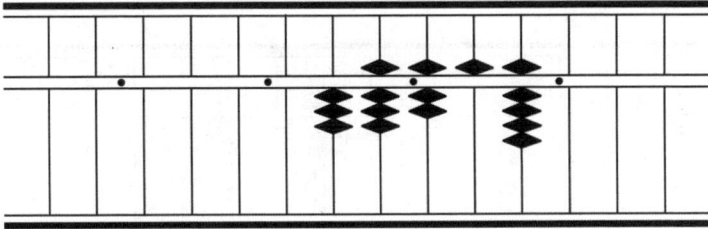

图 2-22

③书写答案 38,759。

属于退一的一位数减的见表 2-7。

表 2-7 　　　　　　　　　　　　　　　　　　退一的一位数减

18-9								
17-9	17-8							
16-9	16-8	16-7						
15-9	15-8	15-7	15-6	14-5				
13-9				13-5	13-4			
12-9	12-8			12-5	12-4	12-3		
11-9	11-8	11-7		11-5	11-4	11-3	11-2	
10-9	10-8	10-7	10-6	10-5	10-4	10-3	10-2	10-1

4）退一还五的减

退一还五的减，是指本档不够减，向左一档借一当十相减后所差的数与本档被减数相加，满五或大于五时要拨上一颗上珠，同时要把多加的数从下珠中拨去。

要领：左一档退一，本档拨入上珠 5，拨去下珠 1~4。

在算盘中，6、7、8、9 分别由 1 颗上珠和 1、2、3、4 颗下珠组成。因此，当减数是 6 时，拨去下珠 1；当减数是 7 时，拨去下珠 2；当减数是 8 时，拨去下珠 3；当减数是 9 时，拨去下珠 4。

【例 2-8】24,244-7,689=16,555

①在算盘上选定个位档，拨入被减数 24,244（如图 2-23 所示）。

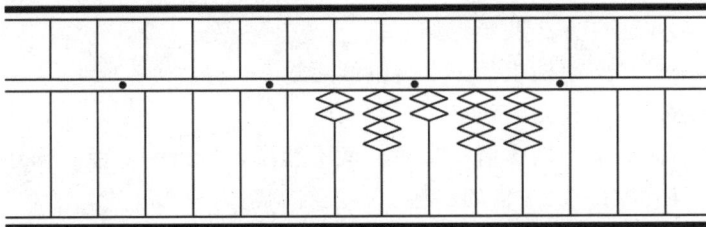

图 2-23

②逐位拨减减数7,689。

在千位档上拨减减数7，属于退一还五的减，左一档退一，本档拨入上珠5，拨去下珠2（如图2-24所示）。

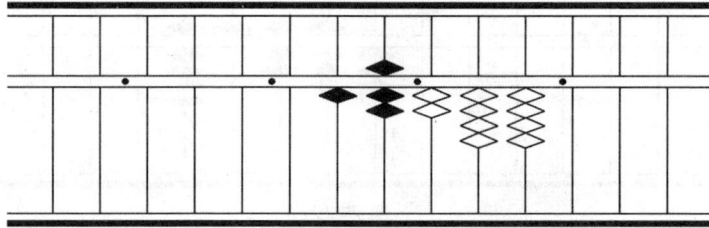

图2-24

其余各位数分别减去6、8、9，左一档退一，本档拨入上珠5，同时分别拨去下珠1、3、4（如图2-25所示）。

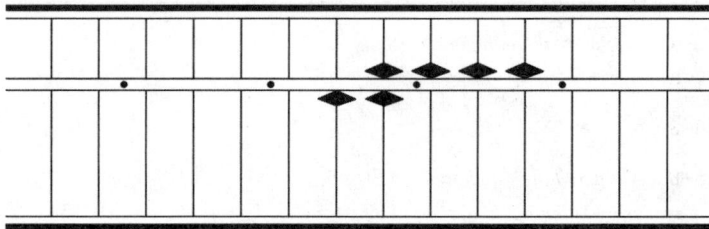

图2-25

③书写答案16,555。

属于退一还五的一位数减的见表2-8。

表2-8　　　　　　　　　　　　退一还五的一位数减

14-9			
14-8	13-8		
14-7	13-7	12-7	
14-6	13-6	12-6	11-6

5）借减法

在实际工作中，常常会进行许多笔数字的连续加减运算。有时会遇到不够减的情况，这时就可以使用借减法，以避免从头算起而遇到的麻烦。

借减法，就是当减数大于被减数时虚借一以加大被减数，从而继续运算的减法。

借减法的具体运算方法及步骤如下：

①遇不够减时，向前档虚借一，再继续运算。

②有借有还，当运算到够还借时，须及时还借。

③借大还小，即某一档虚借一未还，又不够减需再借一，就在未还虚借一的前一（几）档上借，并将前一次虚借的一还上，最终调整为只借一。

④还清得正，未还得负，即运算完毕的盘面数分两种情况：一是已还借，答数是

盘面数；二是不够还借，答数是盘面的负补数。

【例 2-9】 4,687−5,126+4,207=3,768

①在算盘上选定个位档，拨入被减数 4,687（如图 2-26 所示）。

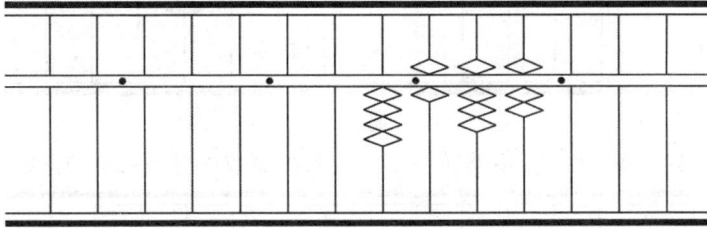

图 2-26

②左一档虚借一，逐位拨减减数 5,126，得 9,561（如图 2-27 所示）。

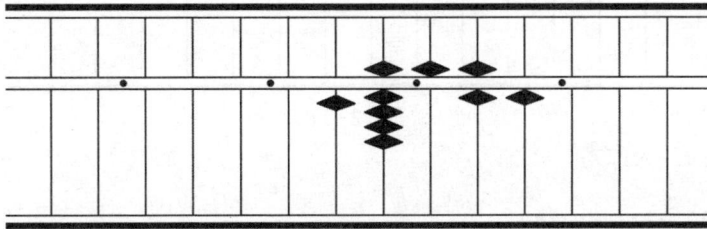

图 2-27

③加上 4,207，得 13,768，还 1，盘面数 3,768。（如图 2-28 所示）。

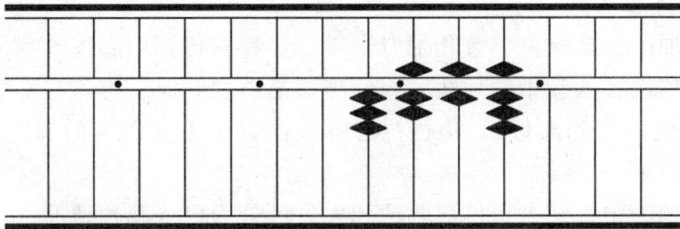

图 2-28

④书写答案 3,768。

【例 2-10】 3,986−8,712+2,549=−2,177

①在算盘上选定个位档，拨入被减数 3,986（如图 2-29 所示）。

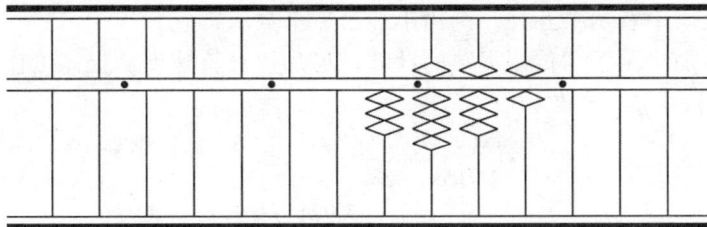

图 2-29

②左一档虚借一，逐位拨减减数 8,712，得 5,274（如图 2-30 所示）。

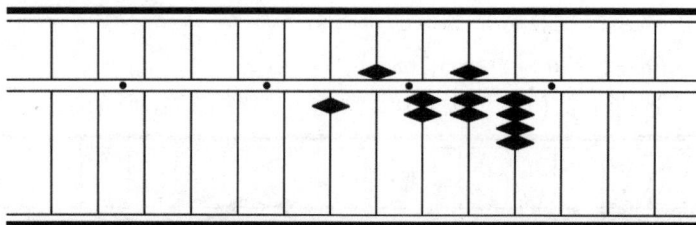

图 2-30

③加上 2,549，得 7,823，不够还一，得数为盘面数的补数-2,177（如图 2-31 所示）。

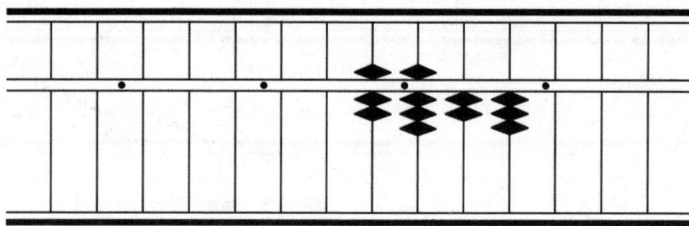

图 2-31

④书写答案-2,177。

● 2.4　简捷加减法

2.4.1　一目三行加法

一目三行加法，是指三笔数相加时，逐位竖看三行，用心算计算出同数位上三个数码字的和，依次拨入盘中的加法。当计算三笔数之和时，可将三笔数从高位依次到低位（或从低位依次到高位），边逐位心算出同数位上数码字的和，边将"逐位和"拨入盘中对应档上。

一目三行加法中，三个一位数码的和大致可分为以下几种情况：

①三个数码相同，则同一个数码乘三求得。

②三个连续数码，则用中间数乘三求得。

③三个数码成等差数列排列，则用中间数乘三求得。

④三个数码中有两个相同的数码，则用该数乘二再加第三个数求得。

⑤三个数码中有两个互补，则用十加第三个数求得。

一目三行加法用于"传票类"的计算，可加快计算速度，提高工作效率。

【例 2-11】

算式	心算	珠算结果
4,915 879 3,127	→ 8,921	8,921
801,594 768 3,025	→ 805,387	814,308

$$
\begin{array}{l}
\left.\begin{array}{r}739\\894\\972,038\end{array}\right\} \quad 973,671 \quad\longrightarrow\quad 1,787,979\\[2mm]
\left.\begin{array}{r}6,402\\214\\15,306\end{array}\right\} \quad 21,922 \quad\longrightarrow\quad 1,809,901\\[2mm]
\left.\begin{array}{r}8,421\\256\\60,537\end{array}\right\} \quad 69,214 \quad\longrightarrow\quad 1,879,115\\[2mm]
\overline{\qquad\quad 1,879,115}
\end{array}
$$

2.4.2　一目三行弃九法

一目三行弃九法，是指三笔数相加时，在其中的最高数位前一位先加1，并拨入盘中，再由其最高数位起，逐位从每个数位上的三个数码之和满9便舍弃不计（即"弃九"），并将其差数（即超9的数）拨入盘中，最后从末位上的三个数码之和中减去10（即"弃十"），再将其差数（即超10的数）拨入盘中的加法。

一目三行弃九法的运算规则：高位算起，首位加一；中间弃九，末位弃十；够弃加余，欠弃减差。

一目三行弃九法运算规则的说明如下：

①"高位算起"是指运算时从高位开始；"首位加一"是指在首位上提前加1。

②最后一位（其和必须为非零数）为"末位"。"首位"之后至"末位"之前的档位均为"中间"。"中间弃九"指中间各位均减去一个9不作计算。"末位弃十"指末位减去一个10不作计算。

③"够弃加余"指当三笔同位数字中有凑9（10）的数时，则从题中弃去9（10），余下的数则在相应档次加上。"欠弃减差"指当三笔同位数字之和不满9（10）时，则在相应档次上减去此数与9（10）的差数。

【例2-12】

$$
\begin{array}{r}
4,533\\
15,827\\
+\quad 6,411\\
\end{array}
$$

运算步骤如下：

①万位上提前加1，则万位上的和为2。

②千位上弃掉一个9，即将4和5弃掉不算，在答案档写余数6。

③百位上弃掉一个9，即将5和4弃掉不算，在答案档写余数8。

④十位上无9，则前位退一，本位加一，得7。

⑤末位上弃掉一个10，在答案栏写余数1。

26,771就是计算的正确结果。

一目三行弃九法在实际运用中可能会碰到四种情况：其一，每一位都有九可弃，末位也有十可弃；其二，中间有的位数上有九可弃，而有的位数上无九可弃，此时可将无九可弃的前一位看作末位弃十，而将本位看作首位提前进一；其三，弃九后仍有满十的情况，对满十的情况则应在它的前一位多加一个一；其四，末位无十可弃，此时将它的前一位看作末位，而末位数按加法计算其和。

如果是 15 笔数相加，计算前三笔数之和时，在最高数位前先加 5，然后对各数位上数字之和弃 9，在盘上相应档上加其差数（超 9 数），对末位数字之和要弃 14，余下的各笔数也按每三笔数求和，此时，对每个数位上数字之和均弃 9，在盘上加其差数，且最高数位前不必再加 1，末位数字之和弃 9，而不是弃 10。

2.4.3　穿梭法（来回加减法）

穿梭法，是指打第一笔时从左到右，打第二笔时从右到左，打第三笔时又从左到右，如此来回穿梭以减少手的往返运动，缩短拨珠时间的运算方法。

【例 2-13】

第一笔	54,671	→
第二笔	36,875	←
第三笔	6,548	→
第四笔	32,957	←
合计	131,051	

要强调的是，运用此法应多练习倒记数，如此方可更有效地提高运算速度。

2.4.4　加减混合法

加减混合运算的方法有两种：一是正负数相抵法；二是两加一冲减法。

1）正负数相抵法

正负数相抵法适用于"一目两行"的计算。

【例 2-14】

$$
\begin{array}{r}
873,219 \\
-\ 532,174 \\
\hline
341\ 1 \\
-\ \ \ \ 145 \\
\hline
341,045
\end{array}
$$

计算说明：当一目两行中有加（正数）有减（负数）时，即可用正负数相抵法，将各位上正负数相抵后所余的正数入盘；当某位的正负数相抵出现负数时，应从前位退 1 合并计算，再将所余正数入盘。如上例，十万位正负数相抵后余 3，便在该档加 3；万位相抵后加 4；千位相抵后加 1；百位相抵后本应加 1，但十位正负相抵后负 6，从百位退 1 相抵后加 4，百位则为 0；个位相抵后加 5。最后得出这两个数之差为 341,045。

2）两加一冲减法

两加一冲减法常用于"一目三行"的计算。

【例 2-15】

$$
\begin{array}{r}
856,471 \\
+\quad 425,328 \\
-\quad 843,286 \\
\hline
438,513
\end{array}
$$

计算说明：从高位算起，十万位加 4（8+4-8），万位加 3（5+2-4），千位加 8（6+5-3），百位加 5（4+3-2），十位加 1（7+2-8），个位加 3（1+8-6），得出结果 438,513。

在"一目三行"两加一冲减法的运算中遇到"两加"小于"一减"得负数（如 2+1-8=-5）时，就得从前位退 1（或 2）来一并计算。不过"三行"比"两行"出现负数的情况少得多，因此两加一冲减法可以提高运算速度，具体则要灵活运用。

● 2.5 实践训练

2.5.1 基本加法练习

1）基本加法练习一

（1）不进位加法练习（直加法、补五加法）

135	8,005	521	1,328
103	720	106	7,651
561	243	9,151	10
202	1.12	16.25	73.15
1,150	15.20	1.73	6.32
1,546	20.56	20.00	0.50
26.17	21.45	435	1,601
1.21	6.02	2,130	4,121
60.50	50.51	4,203	2,043
2,402	3,245	3,314	2,104
120	410	401	422
411	1,033	3,241	3,240
20.41	2.31	24.02	1.02
1.24	20.34	4.32	24.32
42.21	32.02	40.43	40.30

（2）进位加法练习（直接进位加法、破五加法）

466	903	385	7,068
925	854	6,923	9,243
<u>871</u>	<u>544</u>	<u>4,396</u>	<u>756</u>
478	37.35	4.45	9.06
1,150	7.28	25.56	45.36
<u>1,546</u>	<u>20.56</u>	<u>20.00</u>	<u>8.68</u>
83.96	4.59	6,056	588
9.35	45.38	6,478	767
<u>122.77</u>	<u>9.73</u>	<u>936</u>	<u>2,895</u>
857	674	9,566	7.57
697	671	872	20.12
<u>862</u>	<u>1,468</u>	<u>6,749</u>	<u>8.79</u>
6.74	6.58	75.74	75.47
2.03	9.69	7.61	9.17
<u>9.67</u>	<u>7.86</u>	<u>83.18</u>	<u>72.78</u>

2）基本加法练习二

667	79	257	894
237	304	629	56
36	418	77	98
507	92	203	304
<u>69</u>	<u>739</u>	<u>29</u>	<u>669</u>
938	32	319	436
602	507	54	251
75	439	603	98
218	96	138	604
<u>73</u>	<u>254</u>	<u>92</u>	<u>73</u>
913	84	932	693
49	719	56	835
727	72	844	84

74	72	87	925
596	446	306	94

96+394+718+57+906=

217+36+524+64+115=

346+59+43+892+774=

96+104+458+69+793=

706+795+68+617+82=

3）基本加法练习三

627	9,409	729	9,406
5,731	715	2,885	457
357	418	77	98
507	92	203	304
69	4,728	6,804	2,159
8,532	739	29	669

938.29	32.34	319.78	1,436.69
602.24	507.90	54.96	251.99
75.78	9,439.98	3,603.77	98.99
6,218.87	96.97	138.54	7,604.93
53.99	254.99	92.99	73.99

4,913	84	5,932	6,693
649	3,719	56	1,835
727	272	2,844	84
74	72	87	1,925
596	446	306	94

96.93+394.78+718.38+57.96+906.38=

217.31+36.37+524.36+64.09+115.95=

346.05+59.95+43.29+892.75+774.26=

96.37+104.62+458.53+69.37+793.54=

196.93+694.78+78.38+517.96+96.38=

27.31+236.37+24.36+264.09+615.95=

846.05+59.95+243.29+92.75+774.26=

296.37+4.62+958.53+619.37+73.54=

4）基本加法练习四

（1）填写表2-9

表2-9

题号	（一）	（二）	（三）	（四）	（五）	合计
1	208	7,421	131	7,319	7,486	
2	139	250	3,769	471	148	
3	8,706	7,787	7,840	3,012	124	
4	485	601	926	605	3,329	
5	2,097	5,339	5,172	286	1,703	
6	5,739	6,916	859	541	879	
7	5,406	846	4,080	8,237	5,025	
合计						

（2）填写表2-10

表2-10

题号	（一）	（二）	（三）	（四）	（五）	合计
1	208.73	421.31	131.82	73.19	7.86	
2	1.39	50.26	69.37	4.71	80.48	
3	706.14	7.87	8.40	74.12	24.72	
4	485.03	6.01	92.96	6.05	20.29	
5	97.45	339.25	5.72	9.86	7.03	
6	39.32	916.78	85.90	5.41	879.42	
7	406.00	846.05	40.80	8.37	52.59	
合计						

5）基本加法练习五

627	9,409	729	9,406
5,731	1,715	2,885	457
6,257	418	177	98
507	292	203	304
1,649	3,719	56	1,835
727	1,272	2,844	84
5,731	715	2,885	457
657	418	77	98
2,907	292	203	304
74	72	87	1,925
69	4,728	6,804	2,159
<u>8,532</u>	<u>739</u>	<u>29</u>	<u>669</u>

938.29	32.34	319.78	1,436.69
649.16	3,719.04	56.12	1,835.34
727.24	272.05	2,844.56	84.78
5,731.26	7.15	2,885.67	457.89
357.37	4.18	77.17	98.90
507.06	92.09	203.23	304.56
649.96	719.92	56.90	1,835.06
727.09	72.78	2,844.13	84.72
507.99	92.17	203.96	304.34
602.24	507.90	54.96	251.99
75.78	9,439.98	3,603.77	98.99
6,218.87	96.97	138.54	7,604.93
<u>53.99</u>	<u>254.99</u>	<u>92.99</u>	<u>73.99</u>

4,913	984	5,932	6,693
649	3,719	956	1,835
1,267	6,789	3,879	579
727	272	2,844	784
5,731	715	885	2,457
357	418	177	498
507	92	2,203	5,304
5,791	751	885	457
735	918	277	698

649	3,719	56	1,835
797	1,272	2,844	184
120	410	401	492
1,274	1,472	4,587	1,925
<u>596</u>	<u>446</u>	<u>306</u>	<u>794</u>

538.09	62.34	325.78	3,435.69
749.15	3,819.94	156.12	1,935.35
825.24	278.65	4,854.56	84.79
6,731.21	8.45	1,895.67	557.86
387.39	5.16	67.17	108.90
507.06	62.87	204.23	504.76
649.32	749.92	56.90	1,635.06
827.09	72.78	2,944.13	84.72
567.99	92.16	207.96	504.34
608.24	507.89	54.49	251.89
89.78	4,539.98	7,683.87	98.69
6,218.69	96.97	138.54	7,354.93
<u>53.73</u>	<u>784.99</u>	<u>92.79</u>	<u>73.99</u>

2.5.2 传统加法练习

传统加法练习包括各种拨珠指法和数字均衡，达到便于练习和提高的熟练程度。

1）九九连加

在1的基础上连加九次1的和是10，在2的基础上连加九次2的和是20……在9的基础上连加九次9的和是90。

2）七盘成

先拨入123,456,789，连加七次123,456,789，然后在最后档上再加9，就可得987,654,321。

3）加百子

从1起顺序加到100的和是5,050。

加百子过程中部分得数见表2-11。

表2-11 加百子运算

加到数	10	20	24	36	44	55	66	77	89	95	100
和数	55	210	300	666	990	1,540	2,211	3,003	4,005	4,560	5,050

4）打16,835

连续加16,835，每加三遍可得一个整齐的数，如第一次连加三遍得50,505。一直可以连加到六十次，都是这样的规律。但六十次以后，要连加六个16,835才得三组相同的数字。

16,835连加若干次的部分得数如下：

3——50,505	6——101,010	9——151,515
12——202,020	5——252,525	18——303,030
21——353,535	24——404,040	27——454,545
30——505,050	33——555,555	36——606,060
39——656,565	42——707,070	45——757,575
48——808,080	51——858,585	54——909,090
57——959,595	60——1,010,100	66——1,111,110
72——1,212,120	78——1,313,130	84——1,414,140
90——1,515,150	96——1,616,160	102——1,717,170

2.5.3　基本减法练习

1）不借位减法练习（直减法、破五减法）

492	799	8,946	749
−162	−251	−5,210	−102
−210	−230	−422	−123

5,987	8,686	7,696	8,786
−1,122	−104	−3,021	−2,041
−1,140	−142	1,210	−322

95.94	87.79	88.57	75.68
−2.43	−14.30	−32.31	−31.24
−41.31	−13.11	−11.01	−11.42

2）借位减法练习（直接借位减法、借位补五减法）

3,562	6,227	2,402	8,303
−995	−198	−673	−574
−985	−547	−986	−959

853.17	307.44	544.22	235.74
−65.87	−35.38	−77.89	−45.38
−98.58	−42.14	−236.77	−36.58

3,244	6,372	6,346	4,628
−794	−3,949	−2,893	−2,839
−2,217	−1,775	−1,919	−979

3）归总减法（变为加法）

329,907	419,799	638,946	943,749
−162	−251	−5,210	−102
<u>−210</u>	<u>−27,964</u>	<u>−86,724</u>	<u>−67,825</u>
−67,158	−1,726	−4,073	−9,043
−327	−230	−422	−4,123
<u>725,987</u>	<u>538,686</u>	<u>917,696</u>	<u>188,786</u>
−1,122	−104	−1,210	−2,041
−1,140	−2,142	−3,021	−322
<u>−32,619</u>	<u>−251</u>	<u>−5,210</u>	<u>−9,043</u>
−162	−1,726	−422	−121
6,995.94	7,087.79	6,288.57	9,375.99
<u>−2.43</u>	<u>−14.30</u>	<u>−32.31</u>	<u>−21.34</u>
−41.31	−13.11	−11.01	−11.42
−30.21	−61.46	−7.54	−37.46
<u>−693.75</u>	<u>−955.36</u>	<u>−37.46</u>	<u>−4.72</u>

4）补充练习

98,636.39−3.73−59.61−853.46−3,340.56=

39,077.25−77.25−6.04−7,470.23−735.48=

89,521.92−27.4−3,504.29−66.03−48.12=

72,138.78−67.88−3,491.04−9.63−80.45=

97,042.17−3,163.94−29.06−8,073−971.04=

72,138.78−67.88−3,492.04−9.35−80.45=

729,403.35−7,702.49−4.34−9.36−80.54=

92,350.78−1,638.45−34.24−7.18−37.16=

67,097.91−83.57−4.26−1,672.35−537.56=

8,043.29−6,430.82−3.35−76.49−296.21=

2.5.4　传统减法练习

1）七盘清

先拨入 987,654,321，连减七次 123,456,789，再减 9，就可得 123,456,789。

2）加 625

连加十六次 625，得总数 10,000，然后再连减 625，一直减到 0 为止。

3）减百子

在盘上拨出 5,050，从 1 起顺序减到 100，结果为 0，见表 2-12。

表 2-12　　　　　　　　　　　　　　减百子运算

减到数	10	20	30	40	50	60	70	80	90	100
差数	4995	4840	4585	4230	3775	3220	2565	1810	955	0

2.5.5　混合加减法练习

1）混合加减法练习一

（1）填写表 2-13

表 2-13

题号	（一）	（二）	（三）	（四）	（五）	合计
1	68,208	7,421	131	7,319	7,486	
2	139	250	3,769	471	148	
3	8,706	7,787	7,840	−3,012	124	
4	485	601	926	−605	3,329	
5	2,097	5,339	5,172	−286	1,703	
6	5,739	6,916	−859	541	−879	
7	5,406	−846	4,080	8,237	5,025	
合计						

（2）填写表 2-14

表 2-14

题号	（一）	（二）	（三）	（四）	（五）	合计
1	208.73	421.31	131	73.19	7.86	
2	1.39	50.26	69.73	−4.71	80.48	
3	706.14	−7.87	8.40	74.12	−24.00	
4	485.03	6.01	−92.96	6.05	20.29	
5	97.24	−3.39	5.72	9.86	−7.03	
6	39.32	916.78	85.90	541.86	87.69	
7	40.56	846.05	−40.80	8.37	52.54	
合计						

（3）填写表2-15

表2-15

题号	（一）	（二）	（三）	（四）	（五）	合计
1	829	4,215	631	7,219	386	
2	739	5,347	6,473	-453	8,248	
3	35,614	-787	840	412	-2,405	
4	48,503	621	-896	305	5,329	
5	8,424	-339	572	986	-703	
6	36,932	9,178	590	5,486	869	
7	1,656	8,465	-4,180	827	154	
合计						

2）混合加减法练习二（填写表2-16）

表2-16

题号	（一）	（二）	（三）	（四）	（五）	合计
1	10,738	18,419	247	427,242	4,425	
2	65,323	29,153	312	-1,169	210,321	
3	9,337,193	810,429	248,156	9,867,123	98,285	
4	4,245	-4,121	5,258	8,521,257	24,432	
5	3,625	7,214,808	-158,483	-3,459,262	989	
6	142,147	1,183,366	7,572,989	756,178	243	
7	61,285	79,149	823,258	1,258,435	2,483,250	
8	43,221	47,412	7,294,130	-327,578	6,422	
9	214	714	247,225	-109,413	8,692,121	
10	685	2,812,363	4,359,191	6,567,408	-323,416	
合计						

题号	（六）	（七）	（八）	（九）	（十）	合计
1	4,241,825	339,796	409,258	18,129	6,335,214	
2	7,243	-2,414	8,566,708	26,423	-732,292	
3	4,611,758	-272	78,839	1,247,727	322,213	
4	512,813	5,332,146	-26,258	3,826	5,102,293	
5	436,175	844,386	4,121	-1,115	443,212	
6	6,295,927	3,127,314	2,107,277	923,226	1,523,208	
7	4,211,320	-119,362	4,245	56,254	-480,258	
8	112,392	-5,255	110,133	87,299	893,243	
9	749,412	3,428,035	93,257	-434	1,209,927	
10	4,432,208	824,458	47,587	251	-1,982	
合计						

3）混合加减法练习三（填写表2-17）

表2-17

题号	（一）	（二）	（三）	（四）	（五）	合计
1	8,245,645	3,241,014	1,265	227,578	245,395	
2	532,592	−119,212	4,697,483	446,178	212,592	
3	7，484,220	7,346,708	9,532,768	6,994,430	58,738	
4	5,343,193	−58,940	1，467,395	3,519,191	6,817,193	
5	689,412	9,428,035	246,580	−909,413	809,412	
6	5,523,708	624,400	7,284,630	7,547,808	−2,553,808	
7	435,738	754,395	1,317,093	−58,739	5,484,320	
8	553,323	−38,153	609,812	26,823	23,023	
9	6,785,927	800,429	8,563,908	4,997,727	−98,485	
10	1,432	4,121	58,739	−3,621	7,332	
合计						
题号	（六）	（七）	（八）	（九）	（十）	合计
1	6,425	2,515	16,423	1,241	9,515	
2	983,321	2,383,466	1,983,267	810,254	610,423	
3	88,285	−78,839	5,321	56,329	8,983,207	
4	63,432	77,512	−4,615	87,712	43,312	
5	453	714	810,623	−144	421	
6	543	9,292,383	78,539	241	3,697,200	
7	632,213	339,796	67,312	538,456	−842,156	
8	5,423	5,423	924	−3,465	2,265	
9	2,692,156	−182	782	9,667,283	122	
10	473,415	7,402,766	−138,756	6,520,288	1,147,415	
合计						

4）混合加减法练习四（填写表2-18）

表2-18

题号	（一）	（二）	（三）	（四）	（五）	合计
1	1,343,193	4,697,483	1,467,395	909,413	809,412	
2	689,412	−119,212	246,580	7,547,808	2,553,808	
3	5,523,708	800,429	7,284,630	58,739	5,484,320	
4	435,738	4,121	1,317,093	−26,821	23,023	
5	553,323	−2,515	609,812	4,997,727	−98,485	
6	6,785,927	2,383,466	8,563,908	3,621	7,332	
7	1,432	78,839	58,739	−1,241	9,515	
8	2,425	77,512	−16,423	810,254	610,423	
9	983,321	−714	1,983,267	56,329	1,983,207	
10	88,285	9,292,383	5,321	−87,712	43,312	
合计						

题号	（六）	（七）	（八）	（九）	（十）	合计
1	63,432	339,796	4,615	144	421	
2	453	5,423	810,623	241	3,197,200	
3	543	−182	78,539	138,456	842,156	
4	632,213	7,402,766	67,312	−3,465	2,265	
5	5,423	7,346,708	924	9,667,283	122	
6	2,692,156	−58,940	782	6,520,288	1,147,415	
7	473,415	9,428,035	178,147	−227,578	245,395	
8	8,245,645	624,400	1,265	−446,178	212,592	
9	532,592	754,395	3,241,014	6,994,430	−58,738	
10	7,421,220	−38,153	9,532,768	−3,519,191	4,817,193	
合计						

5）混合加减法练习五（填写表 2-19）

表 2-19

题号	（一）	（二）	（三）	（四）	（五）	合计
1	8,823.14	428,035.12	4,125.17	997,827.22	445,738.42	
2	11,485.64	650,458.68	210,123.51	56,454.54	793,323.15	
3	4,332.48	−18,414.55	43,229.57	521,988.84	505,927.51	
4	91,512.97	−28,153.74	−47,912.75	923,486.38	1,982.48	
5	697,483.21	810,809.23	144.39	867,123.21	4,425.71	
6	983,527.54	4,130.96	312.16	87,991.65	−558,321.11	
7	483,312.21	346,707.26	339,156.21	−434.39	98,285.64	
8	621.35	443,366.34	−5,650.84	421.26	94,432.21	
9	610,423.22	79,669.84	789,481.27	−423,473.52	983.39	
10	123,156.24	47,412.35	872,989.34	−1,169.84	443.16	
合计						

题号	（六）	（七）	（八）	（九）	（十）	合计
1	4,765.82	714.36	823,798.52	3,829.56	2,483,220.53	
2	654.16	9,552,363.25	8,294,131.55	−1,135.17	6,423.82	
3	9,422,515.34	−329,796.61	258,235.12	3,459,192.41	8,692,156.41	
4	2,517,113.49	2,493.96	4,399,191.41	−786,178.32	323,415.06	
5	576,692.59	−152.27	−409,813.58	8,954,435.26	6,235,745.35	
6	48,729.42	4,332,166.54	8,566,708.49	−327,578.12	−732,592.53	
7	343,395.03	744,366.01	−78,839.17	−109,413.55	322,213.29	
8	779,412.67	3,127,230.74	−46,223.19	6,567,308.46	8,102,193.48	
9	9,863,709.25	−119,662.86	4,121.47	18,139.72	443,412.69	
10	3,484,380.54	−5,855.77	2,107,867.56	26,423.11	8,523,708.21	
合计						

6）混合加减法练习六（填写表2-20）

表2-20

题号	（一）	（二）	（三）	（四）	（五）	合计
1	867,395.02	9,428,035.11	367,325.12	327,578.12	843,395.06	
2	246,578.59	624,478.61	4,294,130.56	−146,178.22	432,592.59	
3	7,284,630.53	−754,395.01	846,778.52	6,994,430.26	58,738.42	
4	9,317,093.47	3,317,014.74	1,319,091.41	3,519,191.41	6,417,193.48	
5	609,812.67	519,212.86	−809,813.57	−909,413.57	809,412.67	
6	8,563,908.26	346,708.26	−566,708.46	566,808.46	2,563,608.26	
7	58,739.42	78,939.12	−78,939.12	58,739.42	5,484,320.53	
8	16,423.14	28,153.24	26,523.11	−56,823.61	23,323.14	
9	1,983,267.54	510,429.23	5,321.46	4,997,727.22	−98,485.64	
10	5,321.46	−4,121.16	2,987,867.51	3,621.56	−7,332.48	
合计						
题号	（六）	（七）	（八）	（九）	（十）	合计
1	4,615.97	1,515.77	4,615.97	3,215.97	9,515.97	
2	810,623.22	383,466.34	410,823.52	810,423.52	610,423.22	
3	78,539.64	78,639.84	−98,629.54	56,329.54	8,983,627.54	
4	67,312.25	77,512.35	47,312.75	−87,712.65	43,312.21	
5	924.39	−714.36	844.39	−544.39	421.39	
6	782.16	9,892,383.25	792.16	392.26	3,697,483.21	
7	138,756.28	339,796.68	538,656.28	−538,456.38	842,156.28	
8	1,265.84	5,463.95	4,765.84	−5,465.84	2,265.82	
9	5,697,483.21	−982.27	3,667,483.21	9,667,883.21	182.16	
10	9,432,768.34	7,332,766.54	8,522,988.34	−522,488.84	−432,815.34	
合计						

7）混合加减法练习七（填写表2-21）

表2-21

题号	（一）	（二）	（三）	（四）	（五）	合计
1	1,432,728	1,428,035	843,798	3,439,192	6,417,113	
2	244,578	−124,478	6,294,130	746,178	132,892	
3	5,284,630	754,360	−467,225	9,994,435	58,739	
4	6,317,893	2,317,014	2,319,191	−427,578	943,395	
5	209,132	−119,212	439,813	−109,413	109,412	
6	5,563,908	−5,515	1,566,708	6,566,408	2,563,609	
7	48,739	−38,439	78,839	18,739	6,484,320	
8	16,423	−13,153	26,223	26,823	23,823	
9	2,983,267	510,429	−5,121	9,997,727	−98,485	
10	5,421	4,121	2,987,867	3,626	−4,332	
合计						
题号	（六）	（七）	（八）	（九）	（十）	合计
1	4,325	6,346,708	4,115	5,215	9,512	
2	430,623	1,383,466	510,123	423,456	5,697,483	
3	78,534	79,649	−93,229	56,854	1,983,527	
4	97,312	−47,512	47,912	87,799	483,312	
5	724	714	144	−434	621	
6	482	4,892,363	592	321	−710,423	
7	123,756	339,796	438,656	−423,423	123,156	
8	1,265	2,493	5,760	−5,465	4,265	
9	5,857,483	−182	6,669,483	5,667,123	654	
10	267,395	5,332,166	−1,522,989	7,522,988	−2,432,815	
合计						

8）混合加减法练习八（填写表2-22）

表2-22

题号	（一）	（二）	（三）	（四）	（五）	合计
1	4,825.97	63,439.12	467,226.12	5,315.17	112,892.59	
2	244,578.53	−155,478.61	4,294,130.56	746,198.22	58,799.48	
3	5,289,630.53	754,680.01	−643,798.52	3,539,192.41	943,395.07	
4	6,317,793.47	7,487,014.74	4,319,191.41	−427,548.12	109,412.67	
5	209,232.67	−154,212.86	489,813.57	−129,413.57	2,563,609.26	
6	1,563,908.26	−5,715.77	1,569,708.46	9,566,338.46	6,284,320.53	
7	48,739.41	3,425,035.11	98,839.12	−18,739.42	23,823.14	
8	37,453.16	−28,433.24	26,123.11	26,843.11	98,185.64	
9	6,983,467.54	310,429.23	1,121.46	8,997,747.22	−4,322.48	
10	3,421.46	4,421.16	2,485,867.51	−3,226.56	9,512.97	
合计						
题号	（六）	（七）	（八）	（九）	（十）	合计
1	6,432,728.13	5,346,708.26	4,434.97	1,994,433.26	5,431,483.21	
2	323,756.25	1,383,366.34	469,123.52	−523,456.38	1,283,532.54	
3	78,134.64	−40,649.84	54,229.51	56,851.54	483,312.21	
4	47,312.25	12,512.35	−87,912.75	87,791.65	441.39	
5	224.39	480.36	322.39	−124.39	710,203.21	
6	482.16	4,892,363.25	588.16	121.26	−130,156.24	
7	430,623.22	489,796.61	438,676.21	123,423.52	4,265.81	
8	1,265.84	2,443.95	5,790.84	−5,465.84	654.16	
9	4,857,683.21	−643.27	5,669,123.21	5,867,123.21	−932,815.34	
10	267,395.24	5,332,168.54	−972,989.31	7,542,988.84	9,417,113.48	
合计						

9）混合加减法练习九（填写表 2-23）

表 2-23

题号	（一）	（二）	（三）	（四）	（五）	合计
1	48,739.41	63,438.12	98,839.12	1,994,433.26	112,896.59	
2	16,423.14	654,212.86	−26,123.11	523,456.38	−58,799.48	
3	6,983,467.54	−5,715.77	1,121.46	56,851.54	943,395.07	
4	3,421.46	3,425,035.11	2,485,867.51	−87,791.65	109,412.67	
5	6,432,728.23	−155,478.61	4,434.97	−124.39	441.39	
6	323,756.25	754,680.01	−469,123.52	121.26	710,203.21	
7	4,825.97	6,487,014.74	54,229.51	123,423.52	−130,156.24	
8	744,578.53	−28,433.24	87,912.75	−5,465.84	4,263.81	
9	5,289,630.53	310,429.23	322.39	5,867,123.21	354.16	
10	6,317,793.47	4,421.16	588.16	−942,988.84	1,432,815.34	
合计						

题号	（六）	（七）	（八）	（九）	（十）	合计
1	209,232.67	643.27	438,676.21	5,315.17	9,217,113.48	
2	1,563,908.26	5,332,168.54	−5,790.84	746,198.22	2,563,609.26	
3	482.37	−40,649.84	5,669,123.21	3,539,192.41	6,284,320.53	
4	430,623.22	12,512.35	1,322,989.31	−427,548.12	23,823.14	
5	1,265.84	480.36	467,226.22	−129,413.57	98,195.64	
6	78,134.64	4,892,363.25	6,294,130.56	9,566,338.46	−4,322.48	
7	47,312.25	489,796.61	643,798.52	−18,739.42	9,512.97	
8	224.39	2,443.95	4,319,188.41	−26,843.11	5,431,483.21	
9	4,857,683.21	5,346,708.26	−489,813.57	8,997,747.22	2,283,532.54	
10	267,395.04	1,383,366.34	1,569,118.46	3,226.56	−483,312.31	
合计						

10）混合加减法练习十（填写表2-24）

表2-24

题号	（一）	（二）	（三）	（四）	（五）	合计
1	58,739.42	4,121.16	26,523.11	3,512,191.41	6,417,193.48	
2	89,423.14	−3,075.42	5,321.46	−409,413.57	409,412.67	
3	1,963,267.54	2,383,466.34	410,823.52	−357,578.12	2,563,608.26	
4	5,321.46	78,633.84	98,529.54	−26,823.11	5,454,321.53	
5	4,615.97	77,512.35	−47,312.75	4,197,717.22	23,323.14	
6	810,623.22	714.36	844.39	3,421.56	−98,485.64	
7	78,539.64	9,842,383.25	322.16	7,578,808.46	−7,332.48	
8	47,312.25	339,789.68	138,656.28	58,749.42	1,515.97	
9	924.39	5,523.95	8,572,988.34	−7,215.97	640,423.22	
10	782.16	−482.35	2,987,887.51	610,423.52	8,983,687.54	
合计						
题号	（六）	（七）	（八）	（九）	（十）	合计
1	248,756.28	7,332,766.54	4,615.97	56,529.54	43,312.21	
2	1,265.84	7,346,748.26	5,294,130.56	87,712.65	−421.39	
3	5,443,483.21	−78,939.12	846,978.51	−544.39	3,697,484.21	
4	9,432,798.34	−28,153.24	1,319,091.41	392.26	842,116.28	
5	624,478.61	400,419.23	−433,813.57	9,667,863.21	−2,235.82	
6	754,395.01	3,217,014.74	2,566,667.16	−822,488.84	182.16	
7	7,284,430.53	−519,212.86	78,939.12	538,456.38	−932,215.34	
8	9,217,093.47	−928,035.11	4,765.84	−5,965.84	843,395.06	
9	609,812.67	−567,395.02	3,167,483.21	−746,173.21	432,592.59	
10	8,563,908.26	246,578.59	367,325.12	1,994,230.26	−58,738.42	
合计						

第 3 章

珠算乘法

[学习要点和难点]

　　学习要点：乘积的位数及其定位方法、破头后乘法、留头乘法、空盘前乘法。

　　学习难点：乘积的位数、空盘前乘法。

● 3.1　乘积定位

　　数的位数分为正位数、负位数和零位数。

　　正位数，即某数的整数部分的位数，用符号"+"表示。例如，3,500 是 +4 位，30.5 是 +2 位。

　　负位数，即某数的整数部分为零，小数点到第一位非零数字之间零的个数，用符号"–"表示。例如，0.003 是 –2 位，0.000305 是 –3 位。

　　零位数，即某数的整数部分为零，小数点到第一位非零数字之间无零的数，用符号"0"表示。例如，0.23 是 0 位数。

　　算盘上没有固定的个位，又是用空档表示"0"，所以定位是很重要的。本书介绍两种便于掌握和较普遍应用的定位法，即"公式定位法"和"固定个位档定位法"。

3.1.1　公式定位法

　　乘积的位数 = M+N

或　　　　　　　= M+N–1

　　式中，M 代表被乘数的位数，N 代表乘数的位数。

　　一般说来，乘数与被乘数的首位数字相乘有进位时，或者后位有连续进位到最高位时，乘积的位数为 M+N，无进位时乘积的位数为 M+N–1。

3.1.2　固定个位档定位法

　　固定个位档定位法也是一种算前定位法，又叫固定点定位法，具体方法如下：

　　（1）选算盘上适当的档位作为固定个位档，即乘积的个位。

　　（2）改变被乘数（实数）的落盘位数，即以实法两数位数相加 M+N（如采用隔位乘法则为 M+N-1）所得位数作为实数的新的位数，以个位为准拨入盘内。

（3）运算完毕，其固定个位即为积的个位。

● 3.2 基本乘法

3.2.1 九九口诀

传统乘法是利用乘法九九来进行乘法运算的。乘法九九又叫"九九口诀"。九九口诀又分"大九九"（见表3-1）和由"大九九"精简而来的"小九九"（见表3-2）。

表3-1   大九九口诀

口诀 被乘数 ＼ 乘数	一	二	三	四	五	六	七	八	九
一	一一01	一二02	一三03	一四04	一五05	一六06	一七07	一八08	一九09
二	二一02	二二04	二三06	二四08	二五10	二六12	二七14	二八16	二九18
三	三一03	三二06	三三09	三四12	三五15	三六18	三七21	三八24	三九27
四	四一04	四二08	四三12	四四16	四五20	四六24	四七28	四八32	四九36
五	五一05	五二10	五三15	五四20	五五25	五六30	五七35	五八40	五九45
六	六一06	六二12	六三18	六四24	六五30	六六36	六七42	六八48	六九54
七	七一07	七二14	七三21	七四28	七五35	七六42	七七49	七八56	七九63
八	八一08	八二16	八三24	八四32	八五40	八六48	八七56	八八64	八九72
九	九一09	九二18	九三27	九四36	九五45	九六54	九七63	九八72	九九81

表3-2   小九九口诀

口诀 被乘数 ＼ 乘数	一	二	三	四	五	六	七	八	九
一	一一01	一二02	一三03	一四04	一五05	一六06	一七07	一八08	一九09
二		二二04	二三06	二四08	二五10	二六12	二七14	二八16	二九18
三			三三09	三四12	三五15	三六18	三七21	三八24	三九27
四				四四16	四五20	四六24	四七28	四八32	四九36
五					五五25	五六30	五七35	五八40	五九45
六						六六36	六七42	六八48	六九54
七							七七49	七八56	七九63
八								八八64	八九72
九									九九81

九九口诀中每句由四个字组成，前面两个中文数字表示被乘数和乘数，后两个阿拉伯数字表示乘积。

3.2.2　珠算乘法的分类和运算顺序

珠算历史悠久，产生和流行的乘法种类很多，形成体系和尚未形成体系的算法很多。按运算顺序可以将诸多算法分成两大类："前乘法"和"后乘法"。

前乘法，是指在乘法运算时从实数的首位起至末位分别依次与乘数的首位至末位相乘，而在被乘数的位置改变算珠得出积数的乘法。这样的运算顺序叫前乘，也叫上乘。前乘法是相对于后乘法而言的，凡不属"后乘"的，均称为前乘。我国古代使用最早的是前乘法，后来逐渐被后乘法所取代。近年来前乘法又有了发展。

后乘法，是指在乘法运算时从实数的末位起至首位分别依次与乘数的首位至末位相乘，而在实数位置改变算珠得出积数的乘法。这样的运算顺序叫后乘，也叫下乘。

3.2.3　前乘法

前乘法，也叫巅乘或逆乘，运算时从被乘数、乘数的高位算起。

前乘法，即从被乘数的首位至末位，逐位分别与乘数的首位至末位相乘，在被乘数的位置改变算珠，得出积数，其运算顺序如图3-1所示。

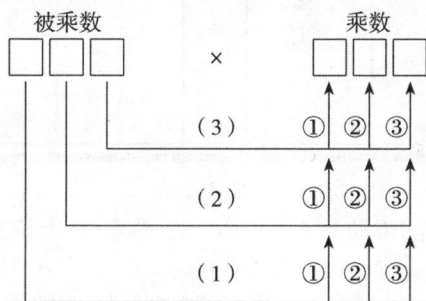

图 3-1

前乘法包括空盘前乘、前乘、空盘乘等。

1）空盘前乘（公式定位法）

空盘前乘，是指在乘法运算时被乘数和乘数均不拨入算盘，而是照题目做乘法运算，边算边把部分积累加在算盘对应的档次上。

空盘前乘的计算顺序一般是先用被乘数的首位数与乘数的首位数至末位数逐位相乘，从算盘左第一档起算，把各乘积逐次拨加在算盘上，再用被乘数的次位数与乘数的首位数至末位数逐位相乘，从算盘左第二档起算，把各乘积逐位拨加在算盘上，其他各位数字依此类推，直至全算完，这样不易错档错位。

【例3-1】486×2=972

运算过程如下：

①先确定积的个位档，M+N=+3+1=+4，被乘数的首位数与乘数的首位数相乘，乘积的十位数从+4位置入。

②乘数2乘以被乘数的首位4，二四08，乘积的十位从算盘的+4档置入（如图3-2

所示）。食指指在个位档，本次乘积的个位是下一次乘积的十位。

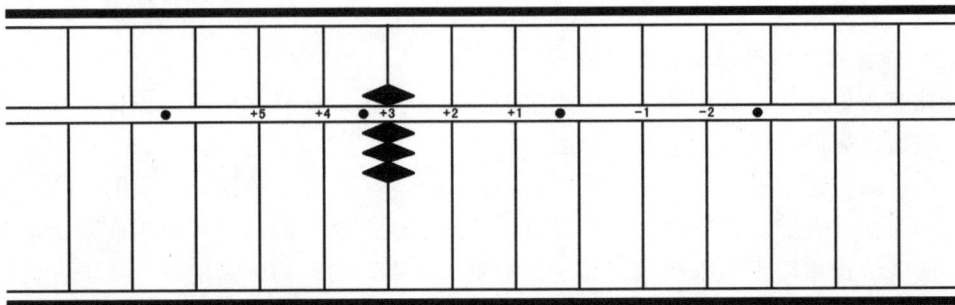

图 3-2

③乘数 2 乘以被乘数的次位数 8，二八 16，乘积的十位在手指所在的档加入，个位在右一档加入（如图 3-3 所示）。

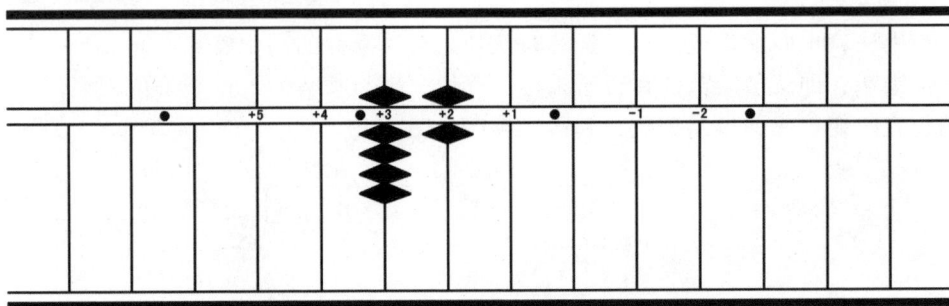

图 3-3

④乘数 2 乘以被乘数的末位数 6，二六 12，乘积的十位在手指所在的档加入，个位在右一档加入（如图 3-4 所示）。

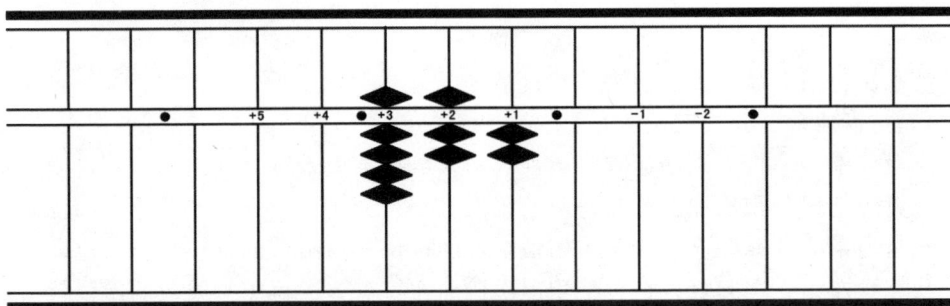

图 3-4

⑤书写答案 972。

【例 3-2】19.08×0.06=1.1448

①先确定积的个位档，M+N=+2+（-1）=+1，被乘数的首位数与乘数的首位数相乘，乘积的十位数从 +1 档置入。

②乘数 6 乘以被乘数的首位数 1，六一 06，乘积的十位从算盘的 +1 档置入（如图 3-5 所示）。食指指在个位档，本次乘积的个位是下一次乘积的十位。

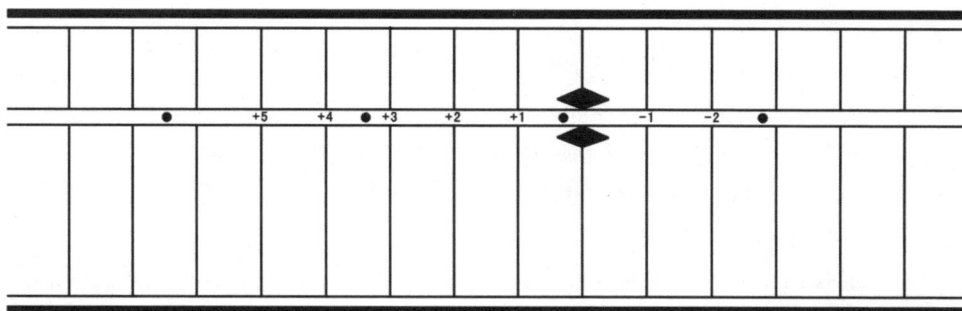

图 3-5

③乘数 6 依次乘以被乘数的次位数至末位数 9、0、8，乘积的十位在手指所在的档加入，个位在右一档加入，以此类推（如图 3-6、图 3-7、图 3-8 所示）。

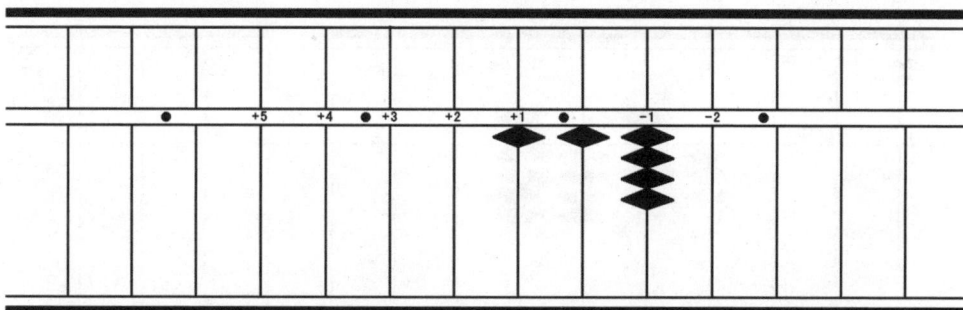

图 3-6

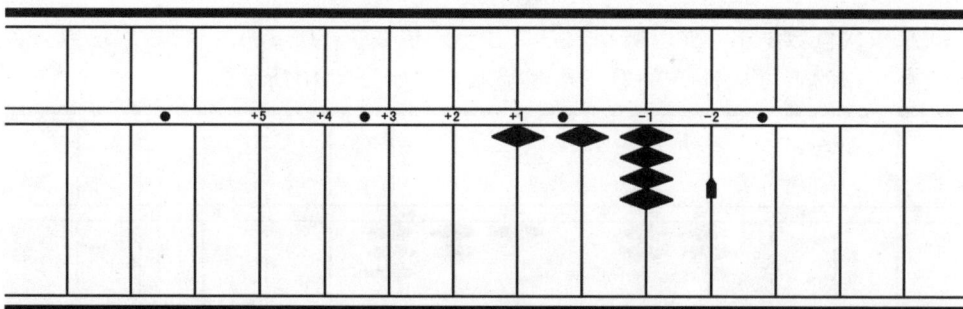

图 3-7

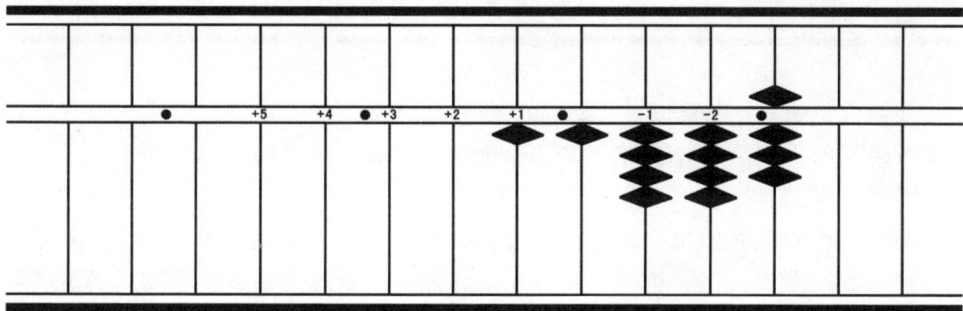

图 3-8

④书写答案1.1448。

本例题应注意以下三点：

①公式定位法下积的定位注意负位数。

②乘任何数得0，右手食指所指的档位右移一档后继续进行下一位的计算。

③在口诀"六一06"中，"0"也是占档顶位的。

【例3-3】5,213×7.18=37,429.34

①先确定积的个位档，M+N=+4+1=+5，被乘数首位数与乘数首位数相乘，乘积的十位数从+5位置入。

②乘数首位数7分别乘以被乘数首位数至末位数5、2、1、3，首位数乘积的十位数从+5档置入，食指指在个位档，本次乘积的个位是下一次乘积的十位（如图3-9所示）。

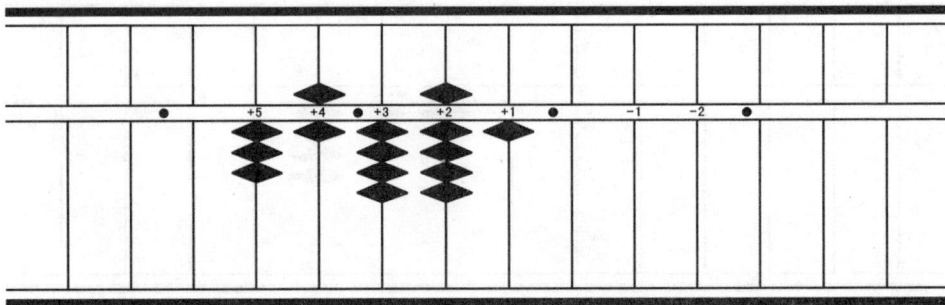

图3-9

③乘数次位数1分别乘以被乘数首位数至末位数5、2、1、3，乘数次位数与被乘数首位数乘积的十位从M+N的右一档开始加入（如图3-10所示）。

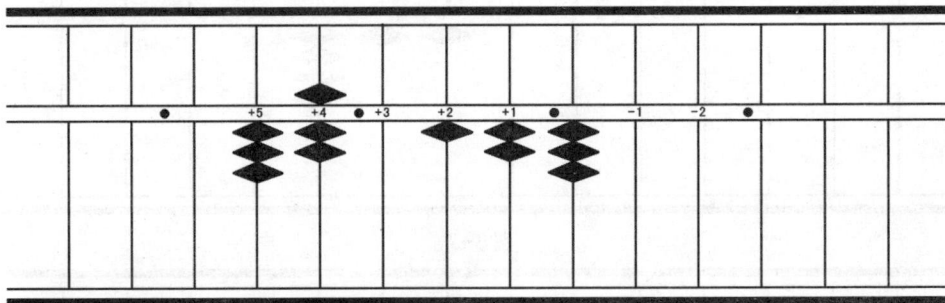

图3-10

④乘数末位数8分别乘以被乘数首位数至末位数5、2、1、3，乘数末位数与被乘数首位数乘积的十位从M+N的右二档开始加入（如图3-11所示）。

⑤书写答案37,429.34。

本例题"积的最高档位"是乘数与被乘数首位数乘积置数开始的档位。其他各位乘数与被乘数的乘积，在"积的最高档位"右侧按乘数的先后依次排列，各有相应的置数位置。

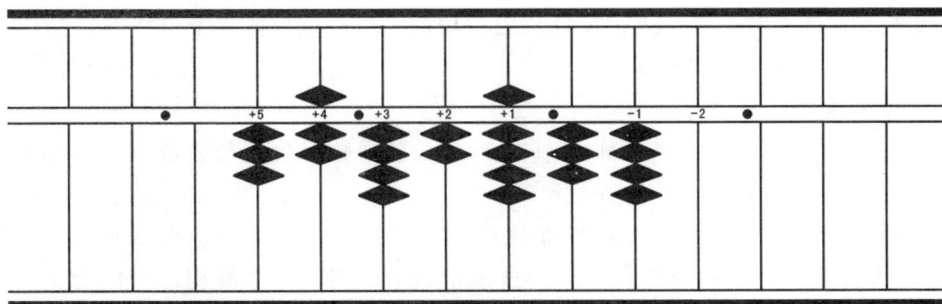

图 3-11

【例 3-4】 376.5×0.208=78.312

①先确定积的个位档，M+N=+3+0=+3，被乘数首位数与乘数首位数相乘，乘积的十位数从 +3 档置入。

②乘数的 2 分别乘以被乘数首位数至末位数 3、7、6、5，首位数乘积的十位数从 +3 档置入，食指指在个位，本次乘积的个位是下一次乘积的十位（如图 3-12 所示）。

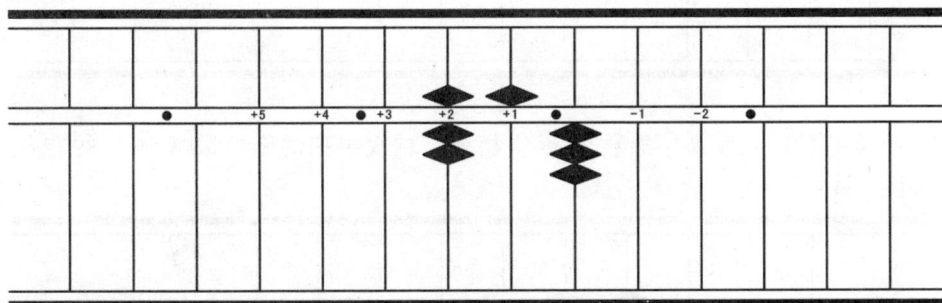

图 3-12

③乘数的 8 分别乘以被乘数首位数至末位数 3、7、6、5，首位数乘积的十位数从 M+N 开始的右二档加入，食指指在个位，本次乘积的个位是下一次乘积的十位（如图 3-13 所示）。

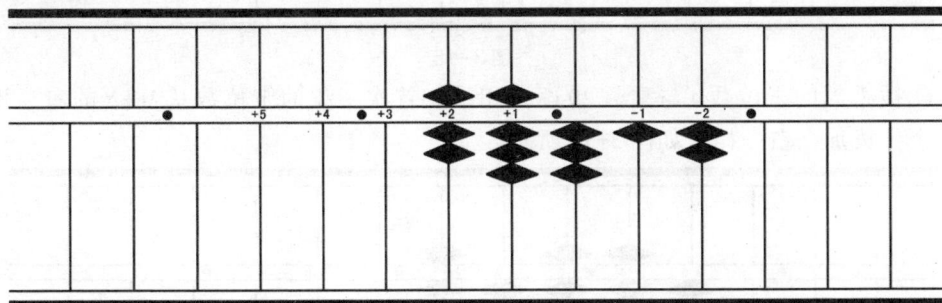

图 3-13

④书写答案 78.312。

2）前乘法（固定个位档定位法）

这种定位方法属于算前定位法，被乘数首位数与乘数首位数乘积的十位数在 M+

N档置入，个位在右一档置入，运算完成后积的个位档也就落在个位档上。

【例3-5】574×29=16,646

运算步骤如下：

①先确定乘积的个位档，M+N=+3+2=+5，被乘数首位数与乘数首位数相乘，乘积的十位数从+5档置入。

②被乘数的首位数5与乘数29逐位相乘，五二10，五九45。首次乘积的十位数从M+N档置入，个位拨加在右一档，食指指在个位档，本次乘积的个位是下一次乘积的十位（如图3-14所示）。

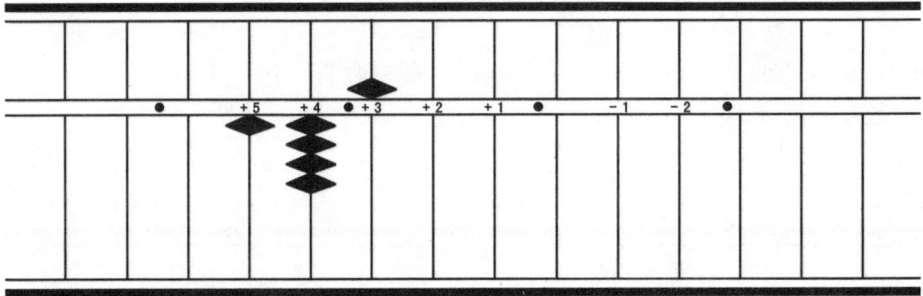

图3-14

③被乘数的次位数7与乘数29逐位相乘，首次乘积的十位数从M+N的右一档置入（如图3-15所示）。

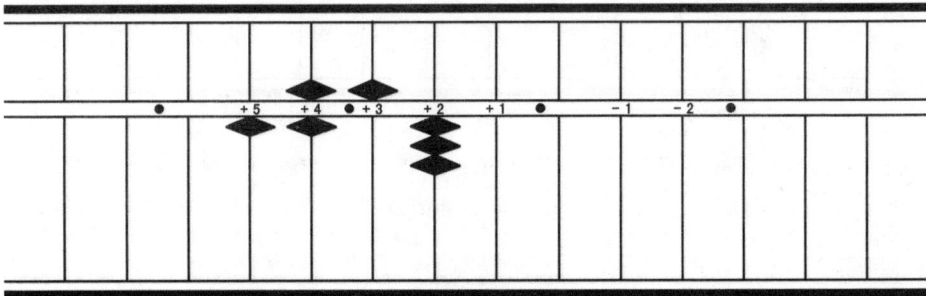

图3-15

④被乘数的末位数4与乘数29逐位相乘，首次乘积的十位数从M+N的右二档置入，个位拨加在右一档（如图3-16所示）。

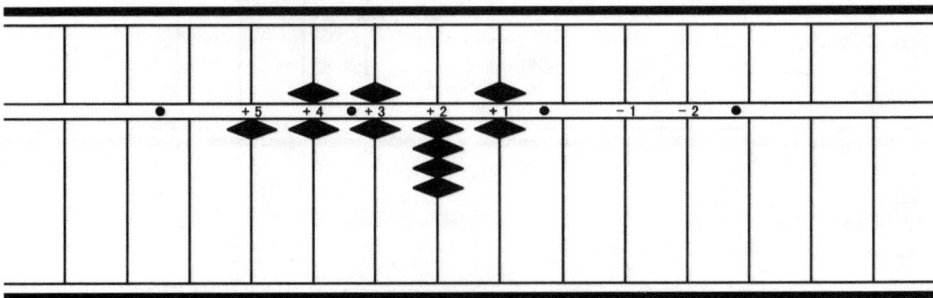

图3-16

⑤书写答案 16,646。

很多小数乘法题都要求保留小数位。使用固定个位档定位法，在计算前已经固定了一位，提前知道数位，可以适当减少计算步骤，减少拨珠动作，会节省时间，加快运算速度。

【例 3-6】0.815×2.84=2.31（保留两位小数）

运算步骤如下：

①先确定乘积的个位档，M+N=0+1=+1，被乘数首位数与乘数首位数相乘，乘积的十位数从 +1 位置入。

②被乘数的 8 与乘数 284 逐位相乘，八二 16，八八 64，八四 32。首次乘积的十位数从 M+N 档置入，个位拨加在右一档，食指指在个位档，本次乘积的个位是下一次乘积的十位（如图 3-17 所示）。

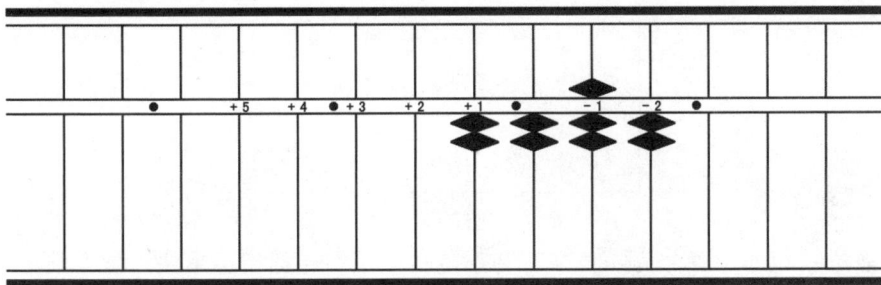

图 3-17

③被乘数的 1 与乘数 284 相乘，首次乘积的十位数从 M+N 的右一档置入（如图 3-18 所示）。

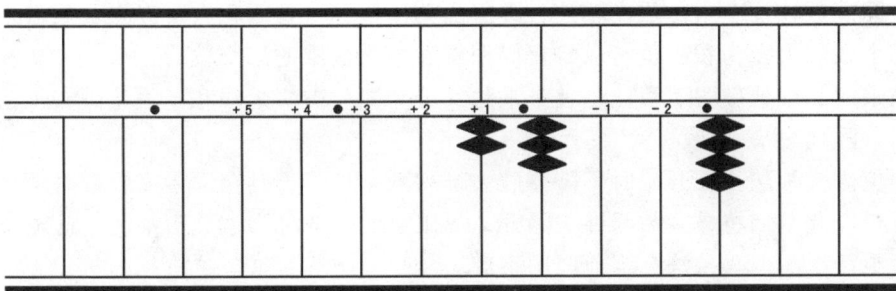

图 3-18

④被乘数的 5 与乘数 284 相乘，首次乘积的十位数从 M+N 的右二档置入，个位拨加在右一档（如图 3-19 所示）。

在计算前已固定好个位，题目要求保留两位小数，在计算中省略 5 乘以 4，而 5 与 8 的乘积与盘面数相加在个位档右三档，且不满 5，因此可以省去相应的拨珠动作。

⑤书写答案 2.31。

3.2.4　后乘法

后乘法即从被乘数末位数起同乘数首位数至末位数依次相乘，其运算顺序如图 3-20 所示。

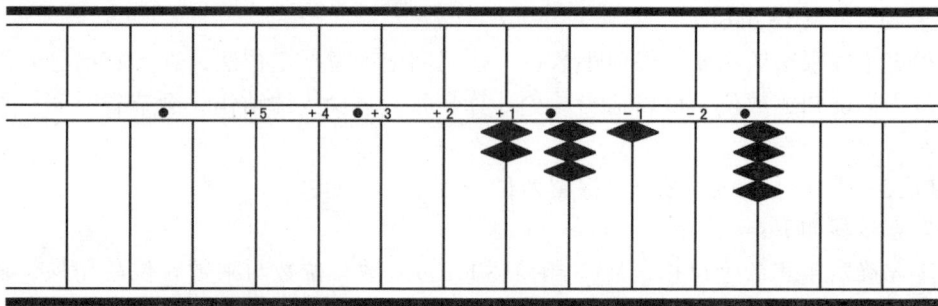

图 3-19

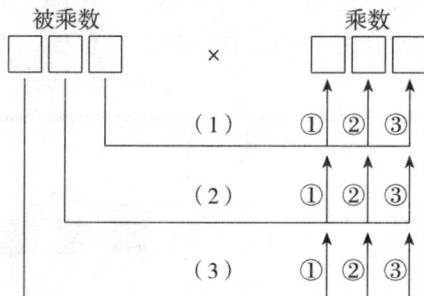

图 3-20

后乘法按积的位置分为隔位乘法和不隔位乘法，包括留头乘法、破头乘法、隔位乘法、掉尾乘法、扒皮乘法、补数乘法等，本书主要介绍破头乘法、留头乘法。

1）破头乘法

破头乘法，是将被乘数、乘数分别置于算盘左、右两端，然后从被乘数的末位数码起，同乘数首位至末位依次相乘，乘得的第一位积（首码积）可以将被乘数中实施乘的那个数破去变为积，也可以将首码积置在被乘数乘的那个数后，乘完本轮积后再将实施乘的那个数破去。因此，破头乘法又分为隔位破头乘法和不隔位破头乘法。

（1）隔位破头乘法

隔位破头乘法，在开始时不需要破去被乘数本位，直到全部乘完乘数时才将其拨去成空档，此空档将被乘数与乘积隔开，界限分明，故称隔位破头乘法。此法又称为隔位后乘法、隔位头乘法，当前应用不广。

隔位破头乘法的运算方法如下：

①置数与定位。将被乘数置于算盘左端（一般从左起第一档拨入），默记乘数（或置入算盘右端）。运算完后，运用公式法定位。

②运算顺序。用乘数的首位至末位依次与被乘数的末位至首位相乘。

③乘积的记法。乘数是第几位，乘积的十位数就放在被乘数本位右边第几档上，其个位数就在十位档的右一档加入。

【例 3-7】多位数乘一位数：489×6=2,934

将被乘数置入算盘左端，默记乘数定位积的个位。符号▼为被乘数的个位档，符号◆为积的个位档，如图 3-21 所示。

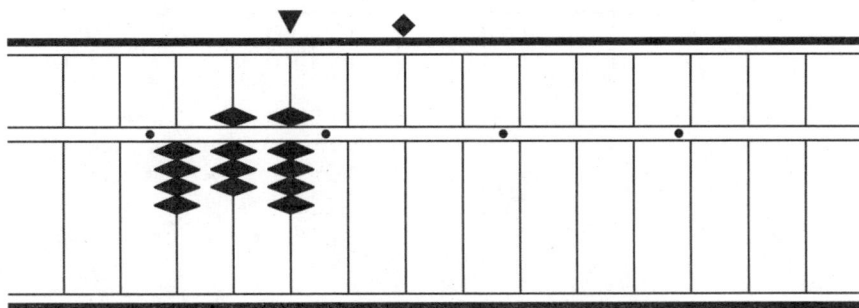

图 3-21

被乘数的末位数至首位数同乘数依次相乘,由公式法定位(积首小位相加),积为 2,934,如图 3-22 所示。

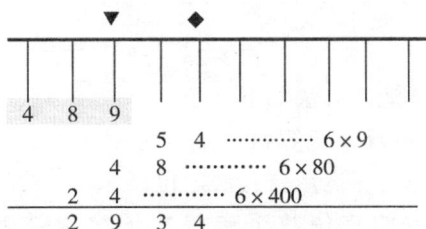

图 3-22

计算完毕,盘面如图 3-23 所示。

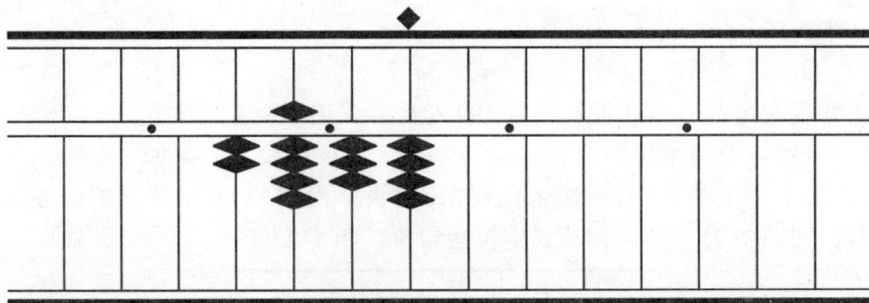

图 3-23

【例 3-8】多位数乘多位数:563×687=386,781

将被乘数置入算盘左端,默记乘数。用被乘数的末位数 3 同乘数首位数至末位数依次相乘,乘毕拨去被乘数的末位数 3;用被乘数的十位数 6,同乘数首位数至末位数依次相乘,乘毕拨去被乘数的十位数 6;用被乘数的百位数 5 同乘数首位数至末位数依次相乘,乘毕拨去被乘数的首位数 5,如图 3-24 所示。运用公式法定位,积首小,位相加,积为 386,781。

(2)不隔位破头乘法

在被乘数与乘数各位数码相乘时,一开始就要把被乘数实施乘的那个数码变为首码积的起位(破本位),称为不隔位破头乘法,也称为头乘法、变头乘、当头乘、仙人脱衣法等,一般我们称此法为破头乘法。

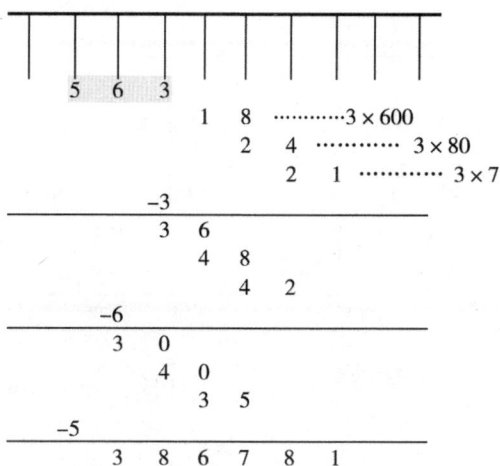

图3-24

不隔位破头乘法的具体运算方法如下：

①置数与定位。将被乘数置于算盘左端（一般从左起第一档拨入），默记乘数（或置入算盘右端）。运算完后，运用公式法定位。

②运算顺序。用乘数的首位数至末位数依次与被乘数的末位数至首位数相乘。

③乘积的记法。乘数是第几位，乘积的个位数就拨在被乘数本档右边第几档上，积的十位数就在个位档的左一档加上。

【例3-9】多位数乘一位数：489×6=2,934

先从算盘左边第一档起拨被乘数489入盘，默记乘数6。用乘数6去乘被乘数末位数9（一开始就要破本位），口诀"六九54"，把被乘数末位数9改成乘积的十位数5，在右档加上个位数4；再乘次末位数8，口诀"六八48"；最后乘首位数4，口诀"六四24"，如图3-25所示。用公式定位法定位，积为2,934。

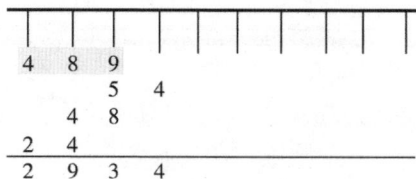

图3-25

【例3-10】多位数乘多位数：563×687=386,781

将被乘数置入算盘左端，默记乘数。用被乘数的末位数3同乘数首位数至末位数依次相乘（一开始就要破本位），口诀"三六18"，把被乘数的末位数3改成乘积的十位数1，在右档加上个位数8；用被乘数的十位数6同乘数首位数至末位数依次相乘；用被乘数的百位数5同乘数首位数至末位数依次相乘，如图3-26所示。运用公式法定位，积首小，位相加，积为386,781。

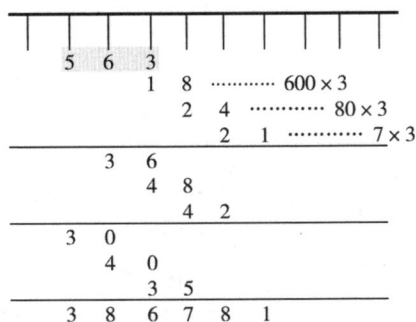

图 3-26

2）留头乘法

留头乘法是后乘法的一种传统算法，也叫抽身乘、挑心乘、穿心乘。

留头乘法的运算顺序是：先留着乘数的首位数不乘，而从乘数的第二位数开始与被乘数的末位数相乘，再顺次用乘数第三位数、第四位数与被乘数末位数相乘。然后，回过头来再用乘数的首位数与被乘数末位数相乘（破去被乘数相乘之数），再按同样的顺序用乘数各位数与被乘数倒数第二位数、倒数第三位数直至最高位数相乘，得出积数。

留头乘法的运算方法与不隔位破头乘法相似，只是留着被乘数不必去记它，待全部乘完后再破它。

【例3-11】68.7×93.5=6,423.45（以公式定位法为例）

①将被乘数布入算盘左端，默记乘数。

②用乘数第二位数3与被乘数末位数7相乘，在7右一档拨入积数；然后再用乘数第三位数5与7相乘，在7的右二档拨入积数；最后用乘数首位数9与7相乘，将7改为6，其右一档加3。

③用乘数的3、5依次与被乘数的第二位数8相乘，再用9与8相乘。

④用乘数的3、5依次与被乘数的首位数6相乘，再用9与6相乘。

⑤经定位，得积6,423.45，如图3-27所示。

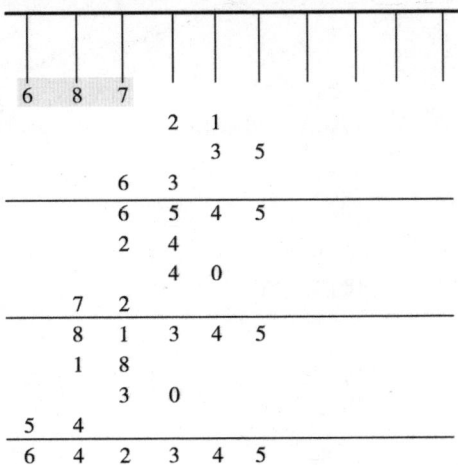

图 3-27

● 3.3 简捷乘法

3.3.1 来回乘法

来回乘法是空盘前乘和空盘后乘的结合运算，是来回双向乘法加积入盘的一种简易乘法。

由于双向加积，来回乘法有效地利用了单线加积的空返空间，而且能避免因找错起乘档而造成的错误，既有利于提高计算速度，又有利于提高准确性，是比较容易掌控而被广泛使用的计算方法。

来回乘法的运算原理与来回加减法的运算原理相同，先从高位往低位乘，再从低位往高位乘，一定要做到指不离档。从高位算起，要指在个位上，从低位算起，要指在十位上，加积要先加十位再加个位。

1）乘算顺序

被乘数的首位数按照由高位至低位的顺序与乘数各位数相乘；被乘数的次位数按照由低位至高位的顺序与乘数各位数相乘；被乘数的第三位数按照由高位至低位的顺序与乘数各位数相乘，如此来回穿梭乘算。

来回乘的运算顺序可以归纳为被乘数的奇位数有效数字由左向右顺算，偶位数有效数字由右向左逆算，如图 3-28 所示。

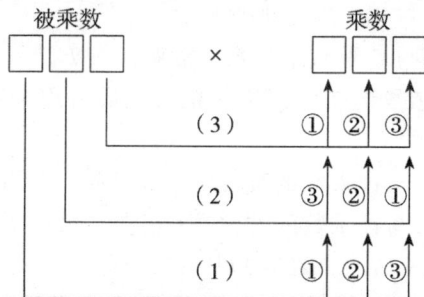

图 3-28

2）加积规律

（1）每次来回加积的起乘档都是前次乘积的个位档，即前次乘积的个位档就是下次加积的十位档。

（2）顺乘时按照"前次加积的个位档就是后次加积的十位档"的规律加积；逆乘时按照"前次加积的十位档就是后次加积的个位档"的规律加积。

3）计算两因数夹零题目的移档规律

（1）被乘数夹零时，无论顺乘还是逆乘，夹几个零，右手食指就向右移几档。

（2）乘数夹零时，如果顺乘，夹几个零，手指就向左移几档，移后的末位档是下次加积的个位档。

【例 3-12】7.34×8,976=65,883.84

（1）乘积定位。M+N=+1+4=+5，两首位数乘积的十位数在+5位档置入。

（2）置数。

①用被乘数的首位数7依次与乘数的8、9、7、6相乘，首次乘积的十位数从+5位档置入，个位数拨加在右一档（+4位档），食指指在个位档，本次乘积的个位是下一次乘积的十位（如图3-29所示）。

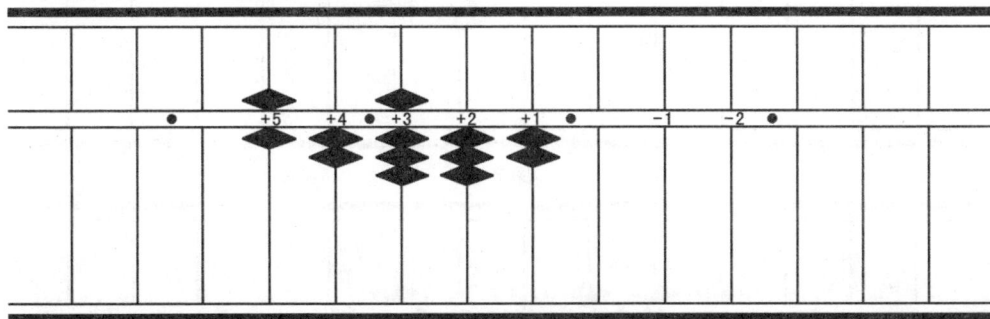

图3-29

②将被乘数次位数3依次与乘数的6、7、9、8相乘，首次乘积的个位数从0位档置入，十位数拨加在+1位档上，食指指在十位，本次乘积的十位是下一次乘积的个位（如图3-30、图3-31、图3-32所示）。

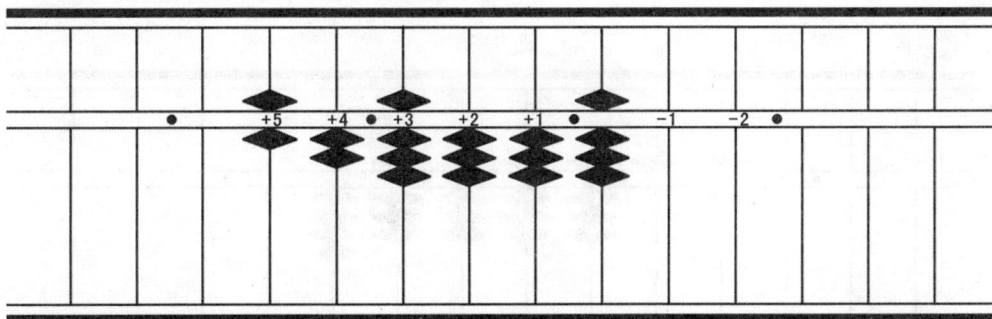

图3-30

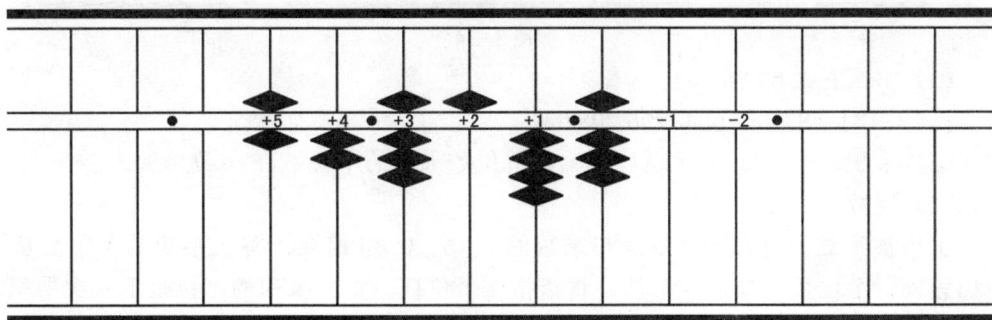

图3-31

③以被乘数第三位数4依次与乘数的8、9、7、6相乘，首次乘积的十位数从+3位档置入，个位数拨加在右一档，食指指在个位，本次乘积的个位是下一次乘积的十位（如图3-33、图3-34所示）。

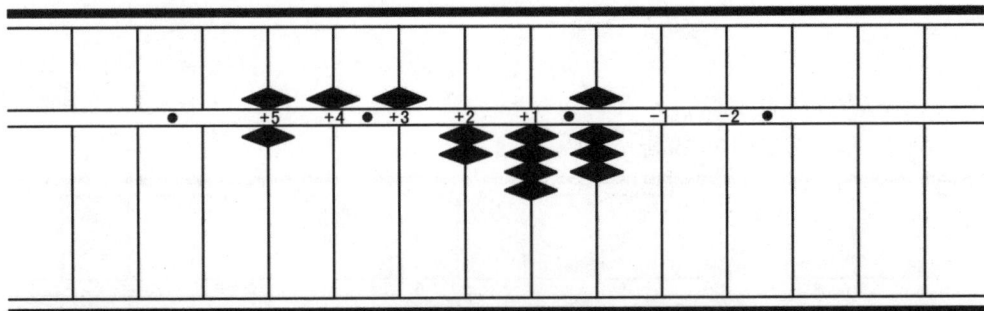

图 3-32

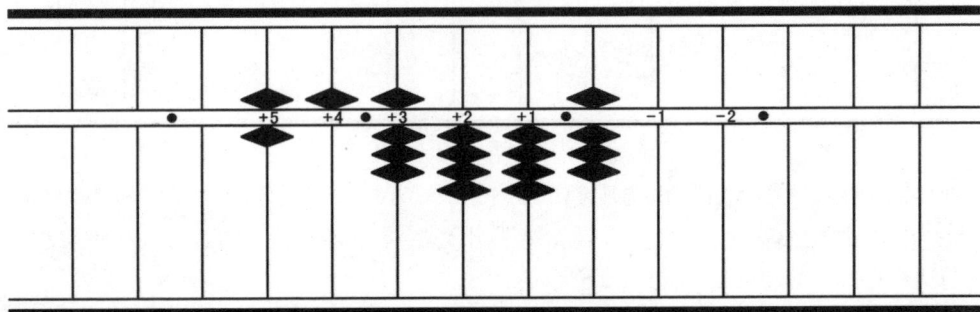

图 3-33

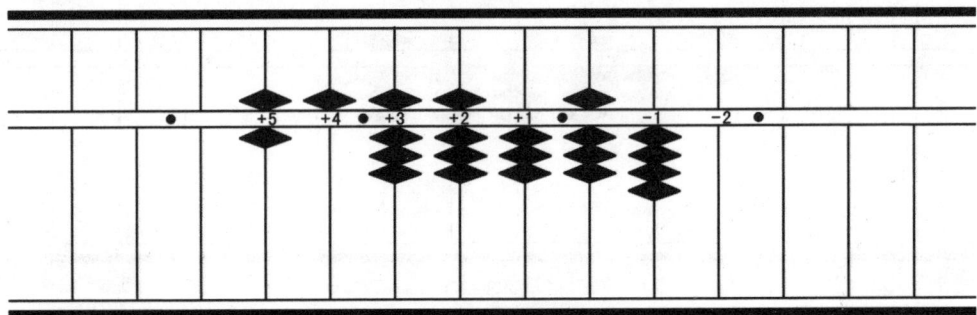

图 3-34

（3）书写答案 65,883.84。

【例3-13】39.02×7,604=296,708.08

（1）乘积定位。M+N=+2+4=+6，两首位数乘积的十位数在+6位档置入。

（2）置数。

①用被乘数的首位数3依次与乘数的7、6、0、4相乘，首次乘积的十位数从+6位档置入，个位数拨加在右一档，食指指在个位档，本次乘积的个位是下一次乘积的十位（如图3-35所示）。注意，3与乘数的0相乘，手指直接向右移一档。

②将被乘数次位数9依次与乘数的4、0、6、7相乘，首次乘积的个位数从+1位档置入，十位数拨加在左一档，食指指在十位，本次乘积的十位是下一次乘积的个位（如图3-36、图3-37所示）。注意，9与乘数的0相乘，手指直接向左移一档。

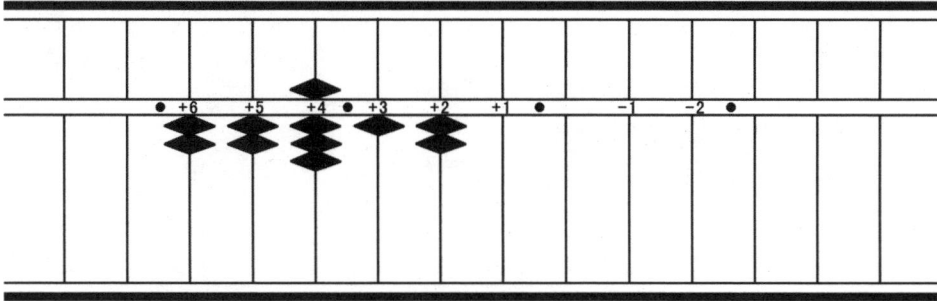

图 3-35

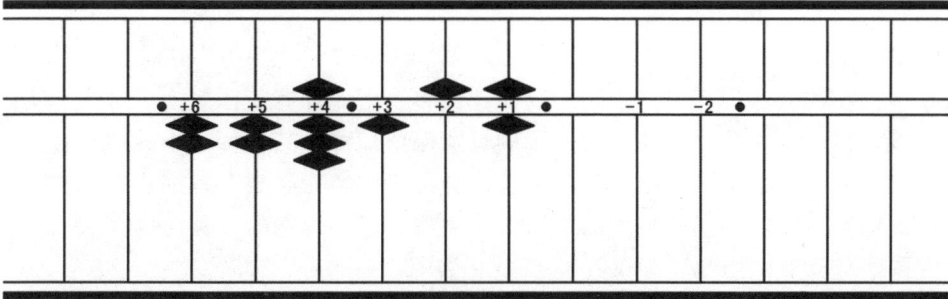

图 3-36

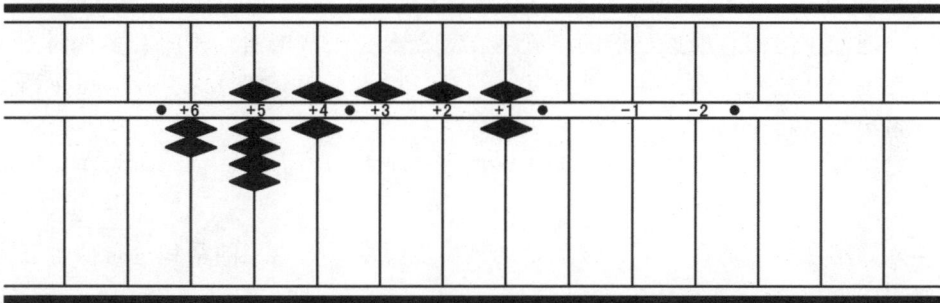

图 3-37

③以被乘数末位数 2 依次与乘数的 7、6、0、4 相乘，首次乘积的十位数从 +4 位档置入，个位数拨加在右一档，食指指在个位，本次乘积的个位是下一次乘积的十位（如图 3-38、图 3-39 所示）。注意，2 与乘数的 0 相乘，手指直接向右移一档。

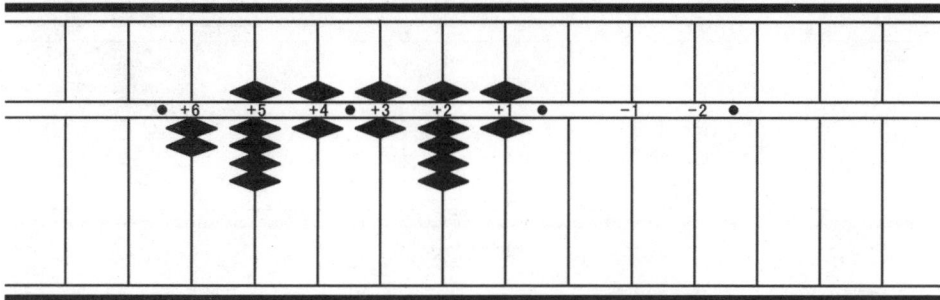

图 3-38

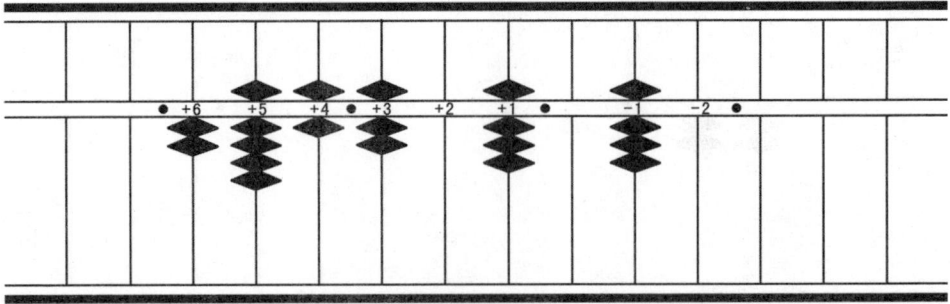

图 3-39

（3）书写答案 296,708.08。

3.3.2 省乘法

在多位小数乘法运算中，由于小数的位数多，因此计算工作量大。可是，实际乘积并不需要很多位小数，按精确度要求的位置保留即可，其余各位小数经四舍五入处理后舍弃。因此，按基本乘法逐位相乘求出全部积数实无必要。省乘法就是在不影响精确度的情况下省略一部分数字的乘算，从而减少运算步骤的一种简捷算法。

省乘法计算方法与步骤如下：

（1）定位与置数。根据固定个位档确定头档或置数档。用置数乘法运算时，还须置上被乘数。

（2）确定压尾档。根据要求的精确度在算盘上找出精确档，再向右多移两档，以保证四舍五入处理积的准确性，并在其右一档，拨入上下全部算珠，作为压尾档。压尾档就是运算的终止档。

（3）运算。乘算时，部分积落在压尾档上要进行四舍五入处理，落在压尾档以右的部分积全部舍弃不再运算。

（4）确定乘积。运算完毕，按预定的精确度要求，对盘上的乘积进行四舍五入处理，取积的近似值。

【例 3-14】 2.568×4.3675=11.22（用省乘法运算，保留两位小数）

（1）确定压尾档，2+2=4（如图 3-40 所示）。

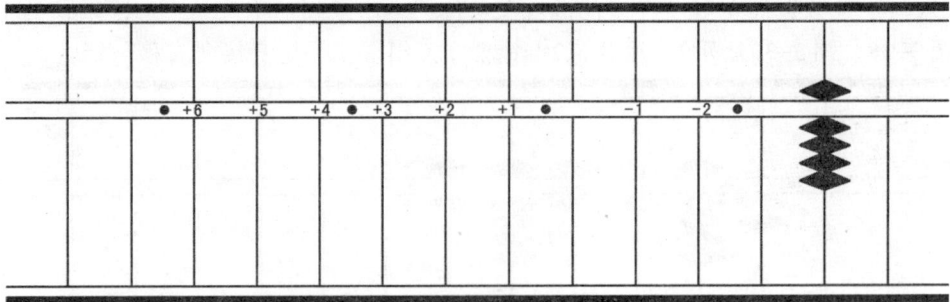

图 3-40

（2）乘积定位，M+N=+1+1=+2。

（3）置数。

①用被乘数的首位数2依次与乘数的4、3、6、7、5相乘，首次乘积的十位数从 M+N 档置入，个位数拨加在右一档，食指指在个位档，本次乘积的个位是下一次乘积的十位（如图3-41所示）。

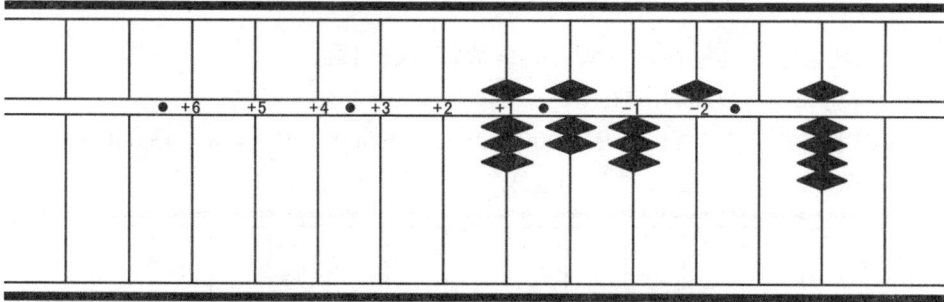

图3-41

②将被乘数次位数5依次与乘数的4、3、6、7、5相乘，首次乘积的个位数从+1位档置入，十位数拨加在左一档上，食指指在十位，本次乘积的十位是下一次乘积的个位，最后一次乘积的个位数5落在压尾档上，直接四舍五入（如图3-42、图3-43所示）。

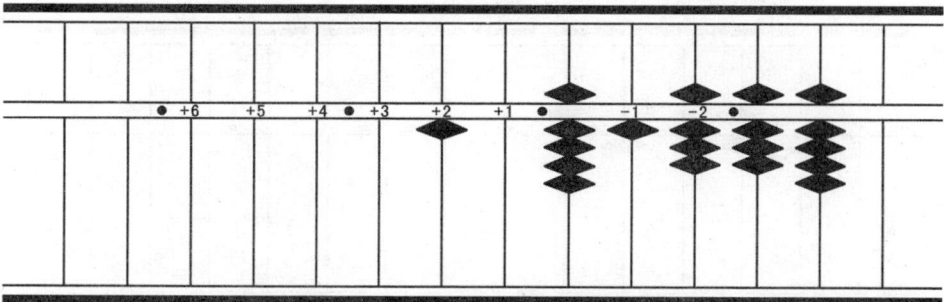

图3-42

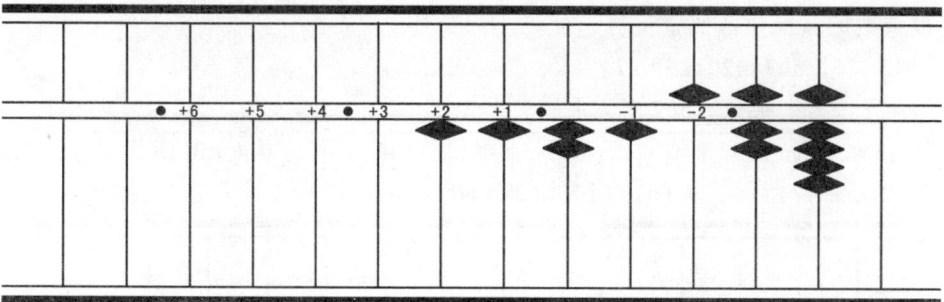

图3-43

（4）书写答案11.22。

3.3.3 跟踪乘法

跟踪乘法，是指乘算两因数中相邻数字相同或近似，或者两数和为九，利用先乘之积加在相应的档上的方法。跟踪乘法的运算方法分为移积加和移积减。

移积加的运算步骤如下：

（1）被乘数相同数字的高位数先同乘数各位数相乘，得到一个积数。

（2）被乘数相同数字的后几位不必再做乘算，只要把得到的第一个积数拨在相应的档上就行。

（3）把被乘数的其他各位数依次同乘数各位数相乘。

【例3-15】2,268×728=1,651,104

被乘数中有两个2，可以看成2,000×728=1,456,000；200×728=145,600。被乘数次位数2与乘数728乘积直接从+7位档置入（如图3-44、图3-45所示）。

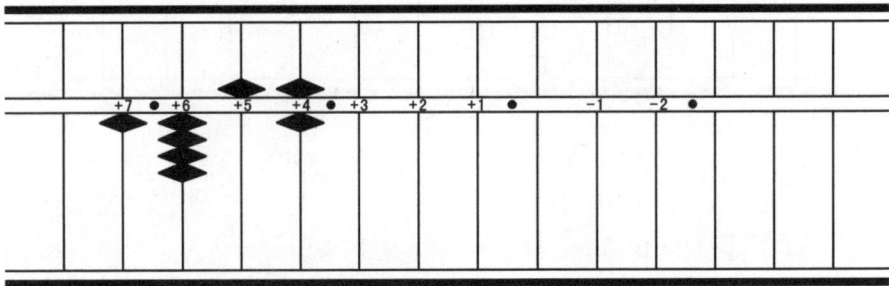

图3-44

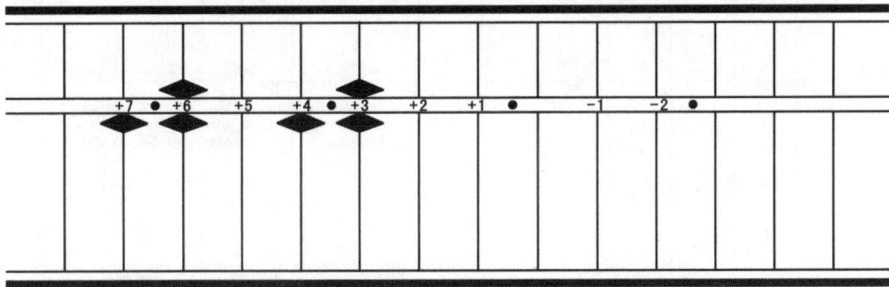

图3-45

被乘数的其他位数照常运算，此处不再赘述。

【例3-16】567×422=239,274

将422作为被乘数，567作为乘数，4=2×2。

从+5位档置入11,340（20×567），如图3-46所示；从+4位档拨加1,134（2×567），如图3-47所示；从+6位档拨加226,800（400×567），如图3-48所示。

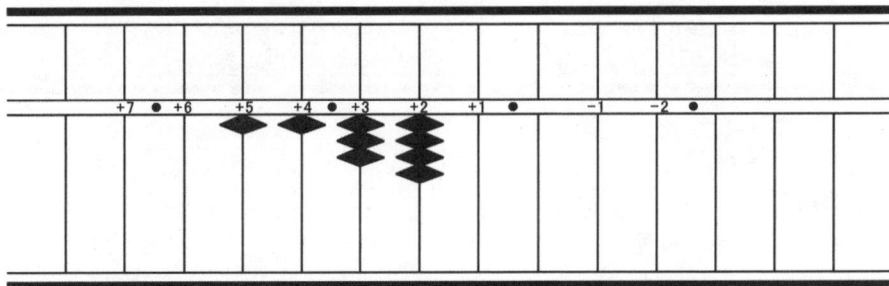

图3-46

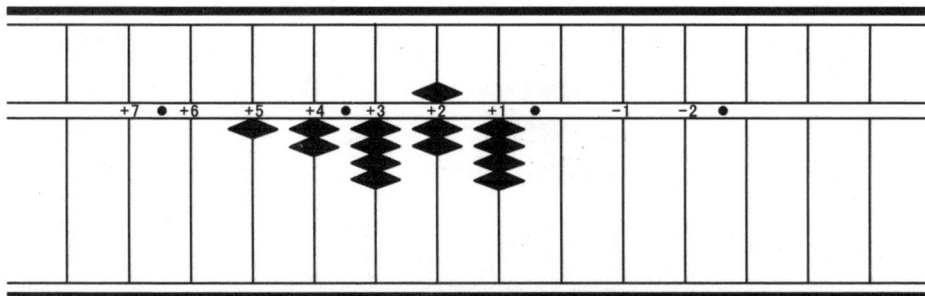

图 3-47

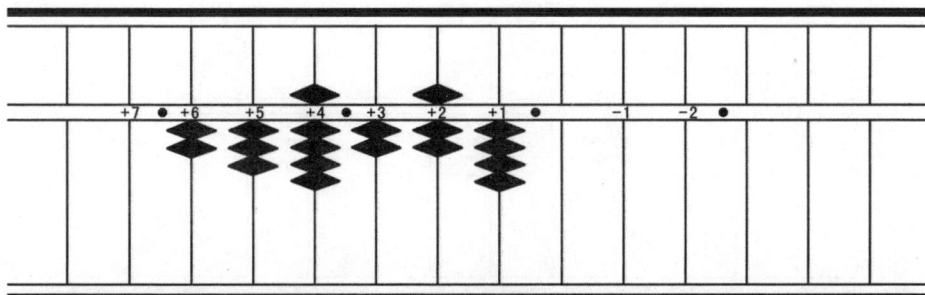

图 3-48

移积减，即遇到两数和为 9 时，如 36，首先当作 40 乘，然后减去同积，即 40-4，又如 45=50-5，27=30-3，18=20-2，54=60-6，63=70-7，81=90-9。

【例 3-17】3,654×0.832=3 040.13（保留两位小数）

36=40-4，54=60-6，本题可以变化为：

4,000×0.832-400×0.832+60×0.832-6×0.832

从 +4 位档置入 3,328（4,000×0.832），如图 3-49 所示。

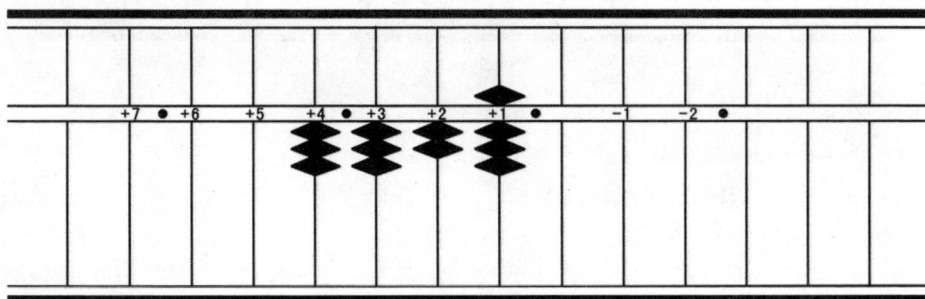

图 3-49

退后一档拨减 3,328（400×0.832），如图 3-50 所示。

从 +2 位档置入 4,992（60×0.832），如图 3-51 所示。

退后一档拨减 4,992（6×0.832），如图 3-52 所示。

3.3.4　滚乘法

滚乘法，是指在连乘带加的运算中，将几笔乘积累加进行总计的方法，像滚雪球似的，节省了逐笔布数、记积清盘的步骤，是提高计算速度的好方法。

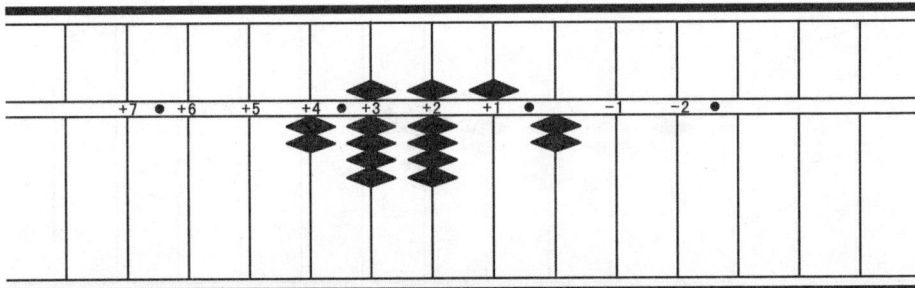

图 3-50

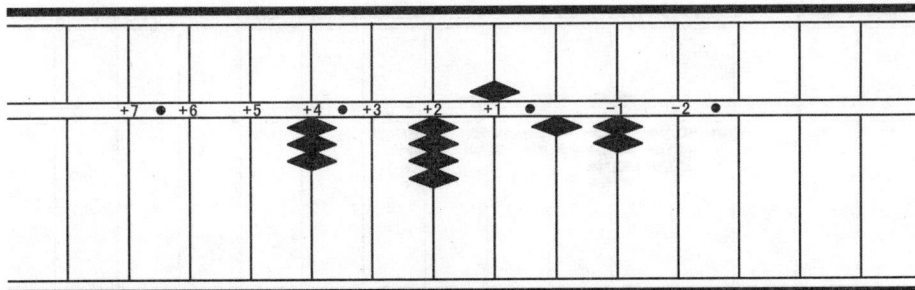

图 3-51

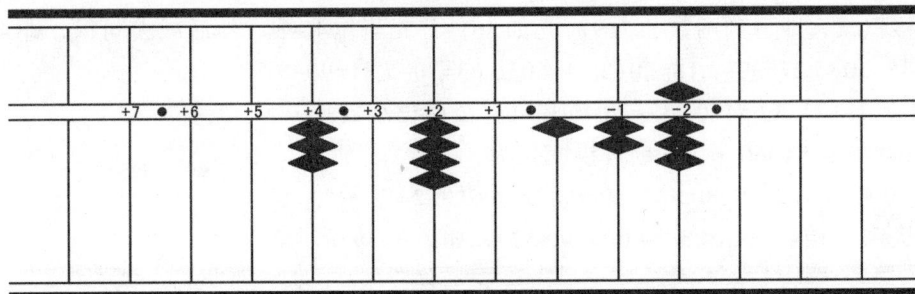

图 3-52

滚乘法的具体运算方法如下：

（1）乘算用空盘前乘计算。

（2）第一笔积数不清盘，在此基础上，乘加第二笔、第三笔……直到将各笔积数乘加完毕，盘上即为所求之总计。

（3）应用固定小数点定位法定好个位档，各种积数首位数相加时应正确判断从哪一档加起，以后各位从左到右依次迭加。

【例 3-18】某顾客买了如下三种商品（见表 3-3），问该付多少钱？

表 3-3 　　　　　　　　　　　某顾客购买三种商品情况表

品种	数量（千克）	单价（元/千克）
甲	247	1.06
乙	163	0.89
丙	28	3.48

247×1.06+163×0.86+28×3.48=499.44

首先，运算 247×1.06 得出 261.82，首次乘积的十位数从 +3 位档置入，不要清盘
（如图 3-53 所示）。

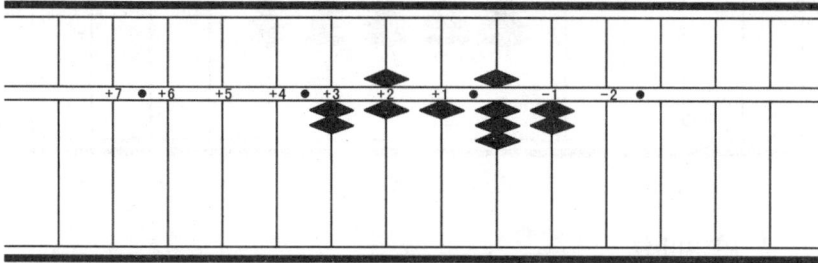

图 3-53

其次，直接在算盘上拨加 163×0.86 的各位乘积，注意首次乘积的十位数从 +3 位
档置入（如图 3-54、图 3-55 所示）。

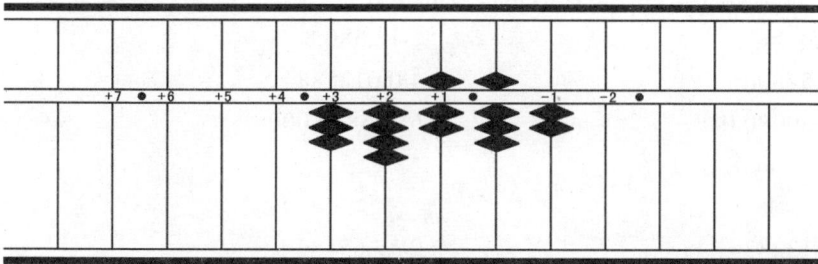

图 3-54

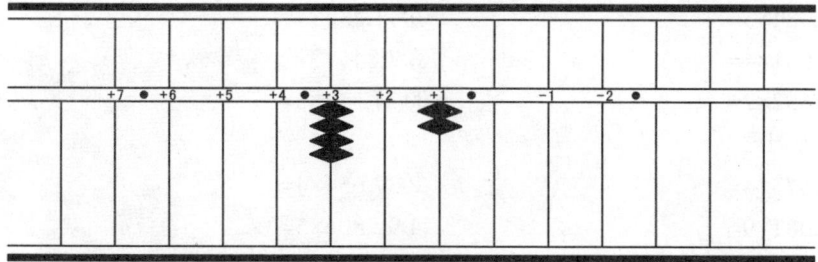

图 3-55

最后，直接在算盘上拨加 28×3.48 的各位乘积，注意首次乘积的十位数从 +2 位档
置入（如图 3-56、图 3-57 所示）。

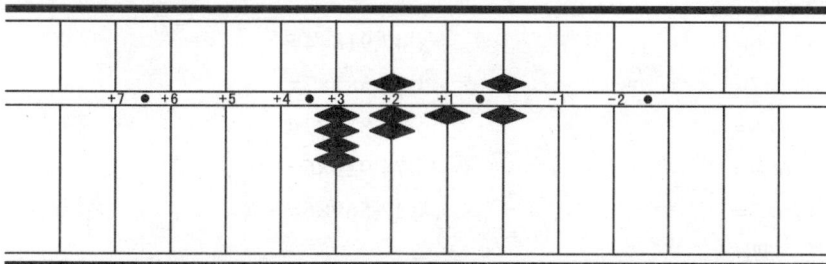

图 3-56

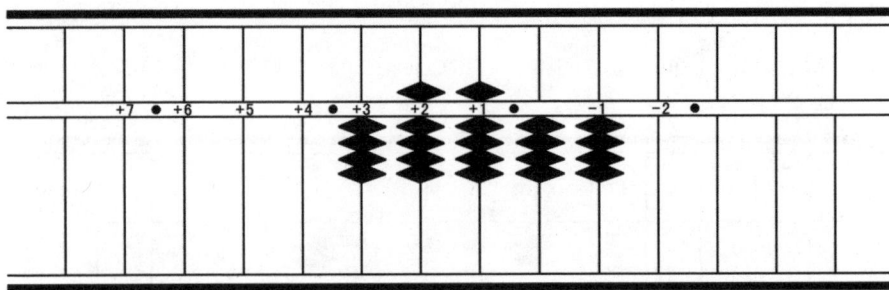

图 3-57

● 3.4 实践训练

3.4.1 基本乘法练习

1）定位练习（确定各算式的积位数和积数）

①125×8=　　　　　　　　　②12.5×0.8=

③1.25×800=　　　　　　　　④0.0125×8=

⑤12,500×0.08=　　　　　　⑥125×80,000=

2）乘法口诀练习

（1）练习一

①54,132×3=　　　　　　　　②37,654×2=

③32,981×4=　　　　　　　　④92,806×5=

⑤62,484×3=　　　　　　　　⑥41,236×4=

⑦32,981×4=　　　　　　　　⑧7,845×3=

⑨87,652×2=　　　　　　　　⑩74,515×3=

（2）练习二

①98,673×4=　　　　　　　　②37,654×4=

③32,981×9=　　　　　　　　④92,806×5=

⑤62,484×5=　　　　　　　　⑥41,236×5=

⑦32,981×4=　　　　　　　　⑧7,845×3=

⑨87,652×4=　　　　　　　　⑩74,515×3=

（3）练习三

①36,574×6=　　　　　　　　②47,918×4=

③78,691×7=　　　　　　　　④24,587×7=

⑤62,484×5=　　　　　　　　⑥36,878×7=

⑦92,876×9=　　　　　　　　⑧74,929×6=

⑨36,475×7=　　　　　　　　⑩42,569×6=

（4）练习四

①94,574×3=　　　　　　　　②46,918×8=

③54,691×6=　　　　　④73,587×7=

⑤61,484×5=　　　　　⑥35,878×7=

⑦19,876×7=　　　　　⑧92,929×6=

⑨25,475×7=　　　　　⑩72,765×3=

（5）练习五

①94,574×9=　　　　　②46,918×8=

③54,691×6=　　　　　④73,587×7=

⑤61,484×5=　　　　　⑥35,878×7=

⑦19,876×7=　　　　　⑧92,929×9=

⑨25,475×7=　　　　　⑩72,765×8=

3）乘法练习（每组限时5分钟）

（1）练习一

①574×19=　　　　　②958×27=

③691×99=　　　　　④68×307=

⑤207×93=　　　　　⑥503×59=

⑦902×46=　　　　　⑧36×309=

⑨85×714=　　　　　⑩62×536=

（2）练习二

①74×19=　　　　　②918×27=

③75×994=　　　　　④65×307=

⑤207×92=　　　　　⑥403×59=

⑦92×46=　　　　　⑧38×309=

⑨805×74=　　　　　⑩37×28=

（3）练习三

①514×29=　　　　　②908×27=

③691×69=　　　　　④16×307=

⑤217×92=　　　　　⑥603×59=

⑦92×48=　　　　　⑧32×309=

⑨85×174=　　　　　⑩68×901=

（4）练习四

①574×19=　　　　　②918×27=

③691×99=　　　　　④65×307=

⑤207×92=　　　　　⑥403×59=

⑦92×46=　　　　　⑧38×309=

⑨805×74=　　　　　⑩17×86=

（5）练习五

①554×19=　　　　　②981×27=

③695×99=　　　　　　　④605×37=

⑤209×92=　　　　　　　⑥43×509=

⑦921×46=　　　　　　　⑧308×69=

⑨850×74=　　　　　　　⑩48×507=

（6）练习六

①592×93=　　　　　　　②73×508=

③58×241=　　　　　　　④607×64=

⑤0.641×7.06=　　　　　⑥16.71×128=

⑦36×37=　　　　　　　　⑧32×405=

⑨592×81=　　　　　　　⑩70.18×0.57=

（7）练习七

①244×93=　　　　　　　②53×42=

③84×81=　　　　　　　　④167×165=

⑤67×58=　　　　　　　　⑥406×36=

⑦0.815×284=　　　　　　⑧75×0.92=

⑨249×504=　　　　　　　⑩70.24×0.76=

（8）练习八

①624×19=　　　　　　　②916×26=

③91×969=　　　　　　　④65×308=

⑤702×92=　　　　　　　⑥43×591=

⑦29×64=　　　　　　　　⑧380×79=

⑨185×74=　　　　　　　⑩68×91=

（9）练习九

①718×43=　　　　　　　②52×96=

③8.12×2.09=　　　　　　④64×205=

⑤206×92=　　　　　　　⑥83×73=

⑦902×1.84=　　　　　　⑧302×98=

⑨807×74=　　　　　　　⑩74×31=

（10）练习十

①708×43=　　　　　　　②64×916=

③6.12×2.09=　　　　　　④45×731=

⑤912×1.84=　　　　　　⑥32×98=

⑦96×52=　　　　　　　　⑧604×25=

⑨83×73=　　　　　　　　⑩47×31=

3.4.2　乘算趣味题练习

1）一条龙

（1）123,456,789×18=2,222,222,202

（2）123,456,789×27=3,333,333,303

（3）123,456,789×36=4,444,444,404

（4）123,456,789×45=5,555,555,505

（5）123,456,789×54=6,666,666,606

（6）123,456,789×63=7,777,777,707

（7）123,456,789×72=8,888,888,808

（8）123,456,789×81=9,999,999,909

2）三星共照

242,424×25=6,060,600

3）二郎担山

444,494,448,125×16=7,111,911,170,000

4）凤凰双展翅

493,817,284×25=12,345,432,100

3.4.3　简捷乘法练习

1）来回乘法练习

6,742×6,738=	8,712×7,637=	4,736×6,251=
2,746×3,762=	6,473×2,637=	8,574×2,617=
3,847×3,748=	3,728×3,726=	3,928×2,761=

2）省乘法练习（精确到0.01）

23.6718　×3.8497=	74.8376×0.3768=	84.6274×0.3765=
3.4876　×8.3871=	28.4892×0.38762=	83.3876×2.536=
1.2873　×4.827=	38.9827×0.2872=	0.3928×0.387=

3）跟踪乘法练习

893×779=	387×686=	382×336=
387×488=	748×484=	289×383=
9,837×3,333=	3,762×6,767=	3,827×8,989=

4）滚乘法练习

28×37+67×27+48×32=	39×36+48×32+49×73=
297×376+372×647+472×617=	93.8×63.7+38.6×37.8+27.6×37.8=

第 4 章

珠算除法

[学习要点和难点]

　　学习要点：商的定位、隔位商除法、不隔位商除法、退商、补商。

　　学习难点：商的定位、估商、退商、补商。

● 4.1 商的定位法

　　在珠算除法中，随着乘数与商数的乘积在被除数中减去，被除数逐渐从算盘上消失，最后只有商数（有时还有余数）。商的位数不像在笔算中那么容易看出，所以珠算除法得出商以后，必须定位，才能确定位数。商的定位方法有很多，公式定位法、移档定位法、固定个位档定位法。本书主要介绍便于掌握和较普遍应用的公式定位法、固定个位档定位法。

4.1.1 公式定位法

　　　　商的位数=M−N　　　　　　　　　　　　　　　　　　　　　　　　　　　①

　或　　　　　　=M−N+1　　　　　　　　　　　　　　　　　　　　　　　　②

　　　　式中，M代表被除数的位数，N代表除数的位数。

　　　　以上两个公式的定位规律如下：

　　（1）"头小位相减"：当被除数首位数字（指有效数字，下同）小于除数首位数字时，用公式M−N来给商数定位。

　　（2）"头大差加一"：当被除数的首位数字大于除数的首位数字时，用公式M−N+1来给商定位。

　　（3）当被除数的首位数字与除数的首位数字相同时，则比较第二位，照此类推，依此来确定商的定位所使用的公式。如果比到除数最后一位时仍然相等，则使用公式M−N+1来给商定位。

　　【例4−1】 103.8÷6=17.3

　　定位：被除数首位数1，小于除数首位数6，用公式①定位。即3−1=+2（位），商数是正二位数。

【例4-2】10.8÷900=0.012

定位：被除数首位数1，小于除数首位数9，用公式①定位。即2－3=－1（位），商数是负一位数。

【例4-3】63.78÷0.3=212.6

定位：被除数首位数6，大于除数首位数3，用公式②定位。即2－0＋1=＋3（位），商数是正三位数。

【例4-4】0.06÷300=0.0002

定位：被除数首位数6，大于除数首位数3，用公式②定位。即（－1）－3＋1=－3（位），商数是负三位数。

【例4-5】0.242÷2.2=0.11

定位：被除数首位数和除数的首位数都是2，而被除数的第二位数4大于除数的第二位数2，故采用公式②定位，即0－1＋1=0（位），商数是零位数。

【例4-6】54,725÷55=995

定位：被除数首位数和除数的首位数都是5，而被除数的第二位数4小于除数的第二位数5，故采用公式①定位，即5－2=＋3（位），商数是正三位数。

【例4-7】45,090÷450=100.2

定位：被除数首位数和除数的首位数都是4，第二位数都为5，第三位数都为0，而被除数的第四位数为9，除数没有第四位数，故采用公式②定位，即5－3＋1=＋3（位），商数是正三位数。

4.1.2　固定个位档定位法

固定个位档定位法的步骤如下：

（1）在算盘梁上选定个位，然后标上定位标记（小数点和分节号）。

（2）不隔位除法用公式①（商的位数=M－N）上盘，即被除数位数M，除数位数N，M－N是几就从几位档起布被除数，运算后照抄盘上各档算珠所表示的数和梁上所标的分节和小数点写数，即为所求商数及位数。

（3）隔位除法用公式②（商的位数=M－N＋1）上盘。

（4）省一法（定身除法）用公式②（商的位数=M－N＋1）上盘。

● 4.2　商除法

商除法是一种古老的求商法，它根据笔算除法的原理，结合珠算的特点，容易掌握，运算方便，是现时珠算除法中使用较为普遍的一种。根据立商位置的不同，商除法又可进一步分为隔位商除法和不隔位商除法。

4.2.1　商除法的运算步骤

商除法的运算步骤如下：

（1）置数

将被除数置于算盘右边适当的位置上，除数默记。

（2）立商位置

立商法则是：够除隔位商，不够除挨位商。

被除数与除数同位数相比，大于等于除数（够除），隔位立商，即在被除数首位数的前二档置商；而当被除数同位比除数小（不够除），则挨位置商，即在被除数首位数的前一档置商。

（3）估商

从被除数的首位或前两位与除数首位的比较中看被除数含几倍除数就进商数几，这一比较方法用乘法大九九口诀进行，但要遵循"宁小勿大"的估商原则。

（4）减乘积

商与除数首位数相乘的积，其十位数从商的右一档减起，个位从右二档减起，除数位次第右移一档，其减积档次也右移一档，除数是第几位，与商的乘积的十位数就从商的右边第几档减去，上次减积的个位就是本次减积的十位，依次运算下去。减积过程中注意"指不离档"，以免发生错档。

4.2.2　一位数除法

除数是一位数的除法，叫一位数除法。它是多位数除法的基础。运算时，将商与除数的乘积依次从高位到低位轮减，减积时，如遇到积的十位为0，要占一位，以免错档。

【例4-8】43,068÷3=14,356

运算步骤：

①置数：将被除数的首位从算盘左边第三档开始置入，除数默记（如图4-1所示）。

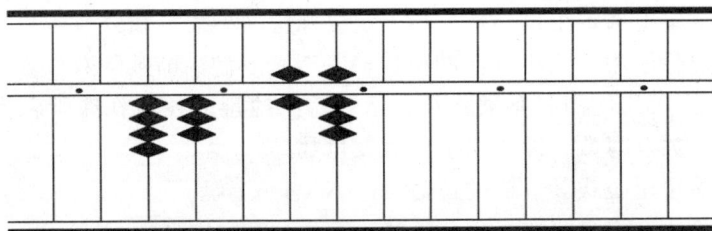

图4-1

②估商：用被除数的首位数4与除数3进行比较，商数为1。

③立商：够除隔位商，不够除挨位商。本次为够除（如图4-2所示）。

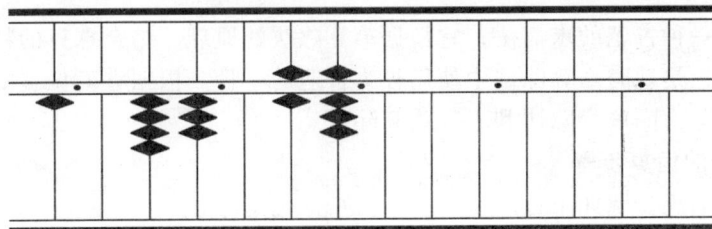

图4-2

④减乘积：从被除数当中减去除数 3 与商数 1 的乘积。三一 03，乘积的十位从商数的右一档开始拨减（如图 4-3 所示）。左手指在商数处，右手食指指在个位，本次减乘积的个位是下一次减乘积的十位。

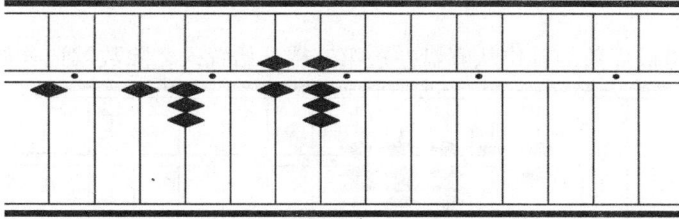

图 4-3

⑤继续运算：用新的被除数 13,068 与除数 3 估商，商数为 4，三四 12（如图 4-4 至图 4-7 所示）。

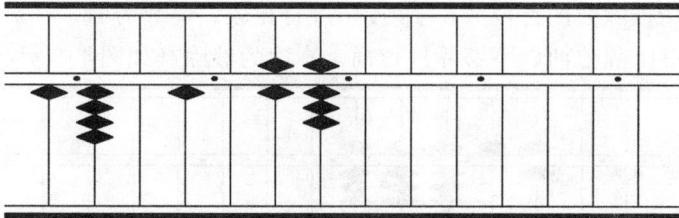

图 4-4

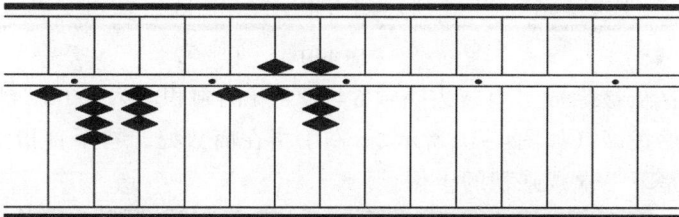

图 4-5

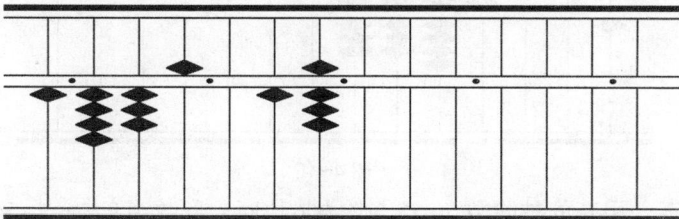

图 4-6

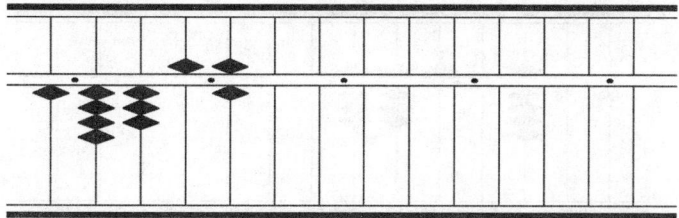

图 4-7

⑥定位：M－N＋1=5－1＋1=＋5（位）。

⑦书写答案：14,356。

【例4-9】659.88÷0.006=109,980

计算步骤：

①置数：将被除数的首位从算盘左边第三档开始置入，除数默记（如图4-8所示）。

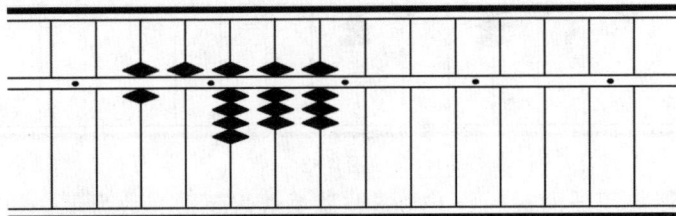

图4-8

②估商：用被除数的首位数6与除数6进行比较，商数为1。

③立商：够除隔位商，不够除挨位商。本次为够除（如图4-9所示）。

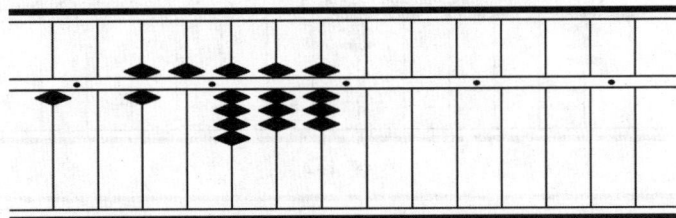

图4-9

④减乘积：从被除数当中减去除数6与商数1的乘积。六一06，乘积的十位从商数的右一档开始拨减（如图4-10所示）。左手指在商数处，右手食指指在个位，本次减乘积的个位是下一次减乘积的十位。

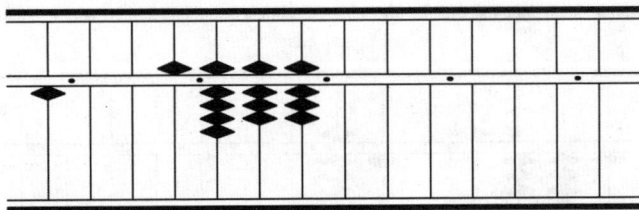

图4-10

⑤继续运算：用新的被除数59.88与除数6估商，商数为9，六九54（如图4-11至图4-13所示）。

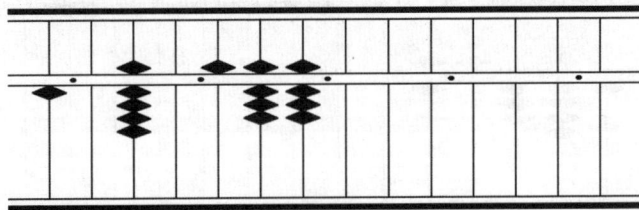

图4-11

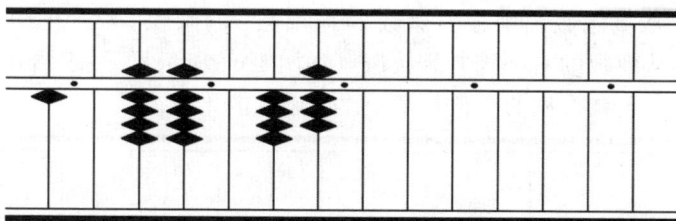

图 4-12

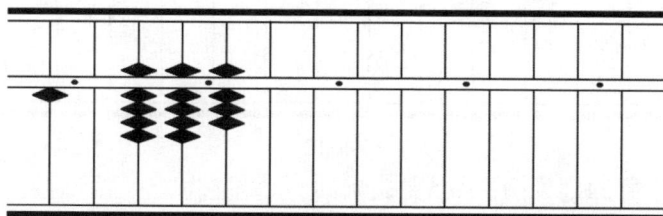

图 4-13

⑥定位：M − N + 1=3 − （ − 2 ）+ 1= + 6 （位）。

⑦书写答案：109,980。

4.2.3　多位数除法

除数是两位或两位以上的除法，叫作多位数除法。它与一位数除法的运算原理相同，也需要置数、估商、置商、减积、定位五个计算步骤。不同的是，在估商时，不能只看除数的首位，还要顾及后面几位。另外，在减积时，要把商与除数各位数字相乘的积，依次从被除数中减去。

【例 4-10】　1,296÷24=54

计算步骤：

①置数：将被除数的首位从算盘左边第三档开始置入，除数默记（如图 4-14 所示）。

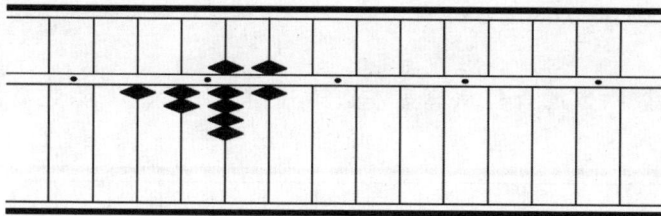

图 4-14

②估商：用被除数的首位数及次首位数 12 与除数 2 进行比较，商数为 5。

③立商：够除隔位商，不够除挨位商。本次为不够除，为挨位商（如图 4-15 所示）。

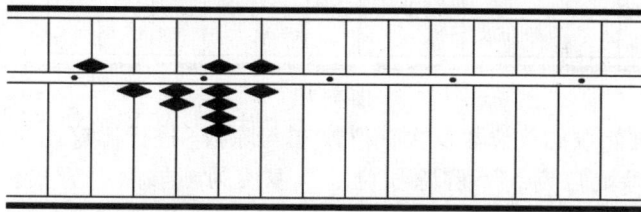

图 4-15

④减乘积：从被除数当中减去除数24与商数5的乘积。"二五10"，"四五20"，首次乘积的十位从商数的右一档开始拨减（如图4-16所示）。左手指在商数处，右手食指指在个位，本次减乘积的个位是下一次减乘积的十位。

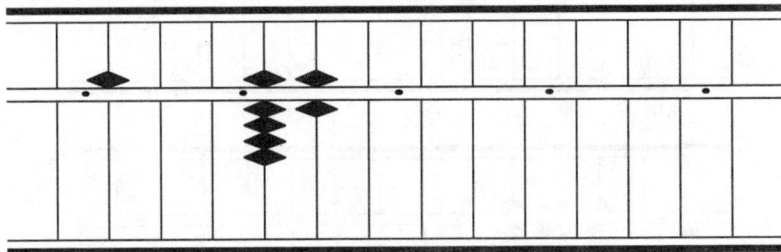

图4-16

余数9小于除数24，说明商数5是正确的。

⑤继续运算：用新的被除数96与除数24估商，商数为4，"二四08"，"四四16"；本次为够除，为隔位商（如图4-17所示）。

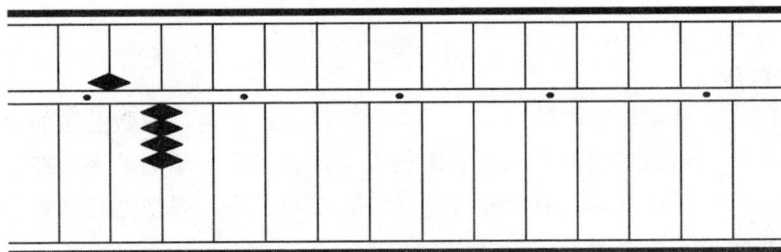

图4-17

⑥定位：M − N=4 − 2= + 2（位）。

⑦书写答案：54。

【例4-11】 3.0514÷0.0803=38

计算步骤：

①置数：将被除数的首位从算盘左边第三档开始置入，除数默记（如图4-18所示）。

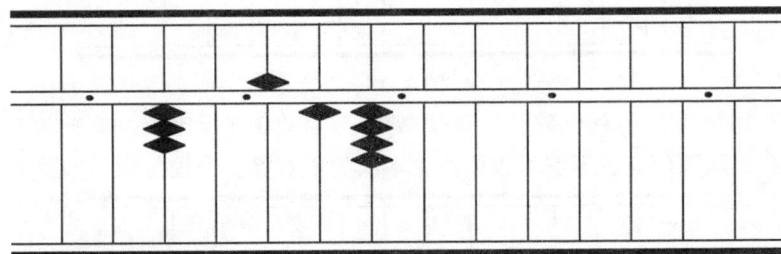

图4-18

②估商：用被除数的首位数及次首位数30与除数8进行比较，商数为3。

③立商：够除隔位商，不够除挨位商。本次为不够除，为挨位商（如图4-19所示）。

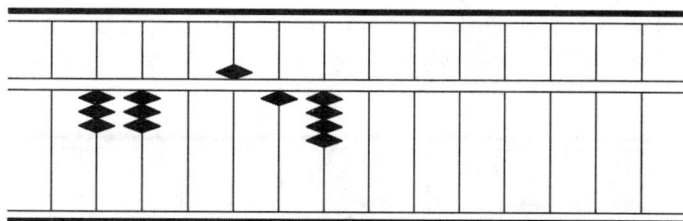

图 4-19

④减乘积：从被除数当中减去除数 803 与商数 3 的乘积。"八三 24"，"零三 00"，"三三 09"，首次乘积的十位从商数的右一档开始拨减（如图 4-20 所示）。左手指在商数处，右手食指指在个位，本次减乘积的个位是下一次减乘积的十位。

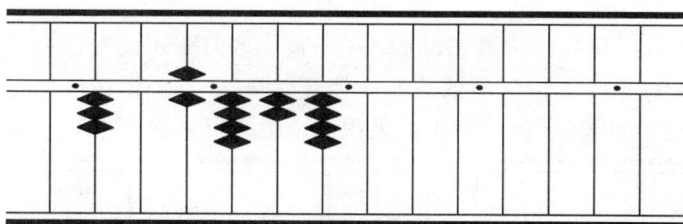

图 4-20

余数 64 小于除数 803，说明商数 3 是正确的。

⑤继续运算：用新的被除数 0.6424 与除数 803 估商，商数为 8，"八八 64"，"八零 00"，"八三 24"，本次为不够除，为挨位商（如图 4-21 所示）。

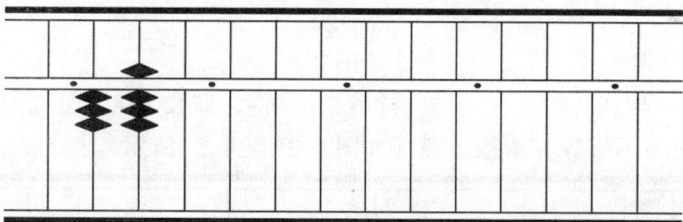

图 4-21

⑥定位：M－N＝1－（－1）＝＋2（位）。

⑦书写答案：38。

【例 4-12】 4.6305÷0.516=8.97（保留两位小数）

计算步骤：

①置数：将被除数的首位从算盘左边第三档开始置入，除数默记（如图 4-22 所示）。

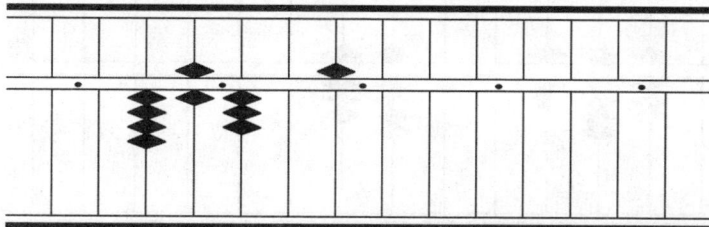

图 4-22

②估商：用被除数的首位数及次首位数46与除数5进行比较，商数为8。

③立商：够除隔位商，不够除挨位商。本次为不够除，为挨位商（如图4-23所示）。

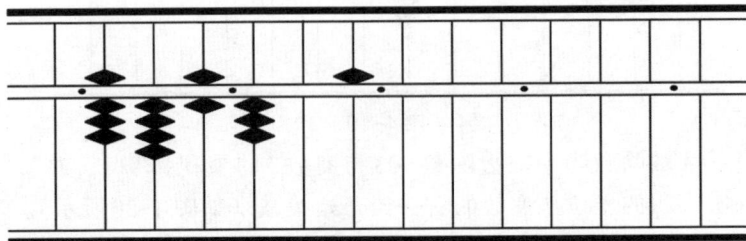

图 4-23

④减乘积：从被除数当中减去除数516与商数8的乘积。"五八40"，"一八08"，"六八48"，首次乘积的十位从商数的右一档开始拨减（如图4-24）所示。左手指指在商数处，右手食指指在个位，本次减乘积的个位是下一次减乘积十位。

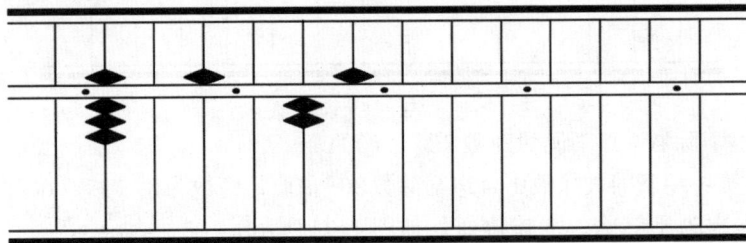

图 4-24

余数502小于除数516，说明商数8是正确的。

⑤继续运算：用新的被除数5025与除数516估商，商数为9，"五九45"，"一九09"，"六九54"，本次为不够除，为挨位商（如图4-25至4-27所示）。

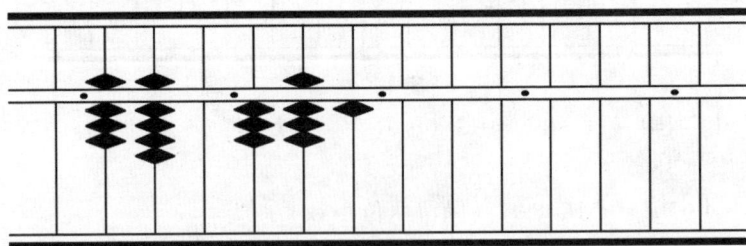

图 4-25

图 4-26

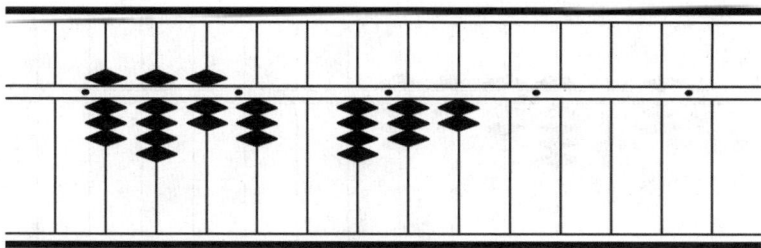

图 4-27

⑥定位：M − N= + 1 − 0= + 1（位）。

⑦书写答案：8.97（保留两位小数）。

4.2.4　多位数除法的补商与退商

在多位数除法中要求估商准确，但是，由于除数的位数较多，要想一次就估准商数是不容易的。有时估商会过小，有时估商会过大，这时就需要对原商进行调整。其处理方法有以下两种：

1）补商

当从被除数当中减去商数与除数的乘积之后，余数仍然比除数大，则为商数偏小，此时需要"补商"。

补商的步骤如下：

（1）在原商数上补加1。

（2）退后一档减去除数。

（3）如果余数仍大于或等于除数，就再补商一次。直至余数小于除数为止。

补商的方法可以概括为："原商补加1，隔位减除数。"

【例 4-13】 5.4168÷0.74

运算步骤：

①先用被除数前两位数54与除数7进行试商，商数为6，并从被除数当中减去商数6与除数74的乘积（如图4-28所示）。

图 4-28

②余数97大于除数74，说明商数偏小，需要补商（如图4-29和图4-30所示）。

补商后的余数23比除数74要小，说明商数正确。

2）退商

在被除数中减去估商与除数的乘积时发现不够减，这说明估商偏大了，应予退商。

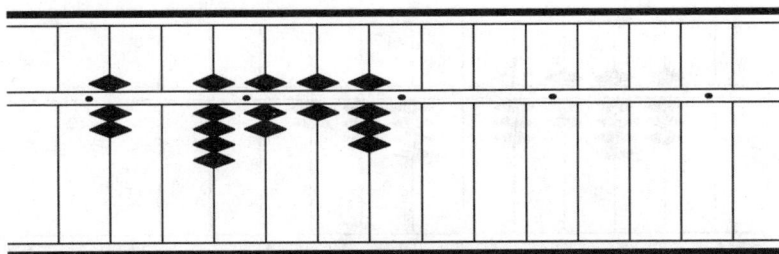

图 4-29

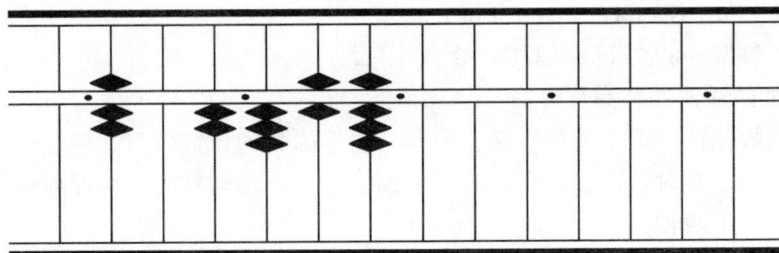

图 4-30

退商的步骤如下：

（1）在原商数上减1。

（2）同时在余数中，隔位加上已与商乘减过的除数。

（3）再用调整过的新商数去乘减除数里未除过的数。

退商的方法可以概括为："原商减去1，隔位加除数。"

【例 4-14】 44,928÷752

运算步骤：

①先用被除数前两位数44与除数7进行试商，商数为6，并从被除数当中减去商数6与除数752的乘积（如图 4-31 所示）。

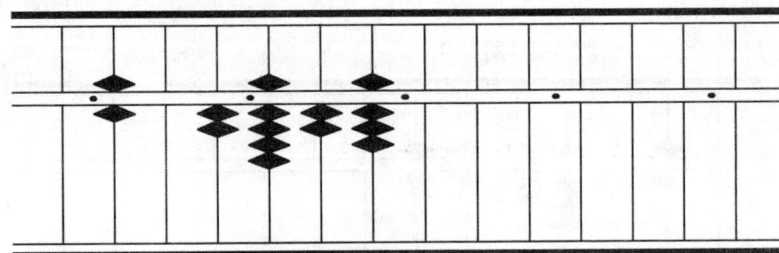

图 4-31

当从被除数中减去商数6与除数5的乘积时，发现不够减，说明商数偏大，需要退商。

②在原商数上减1（如图 4-32 所示）。

③退后一档加上已乘减过的除数7（如图 4-33 所示）。

④用新的商数5与未乘减过的除数52相乘，并从余数当中减去，注意手指不要离开个位档，本次减乘积的个位是下一次减乘积的十位（如图 4-34 所示）。

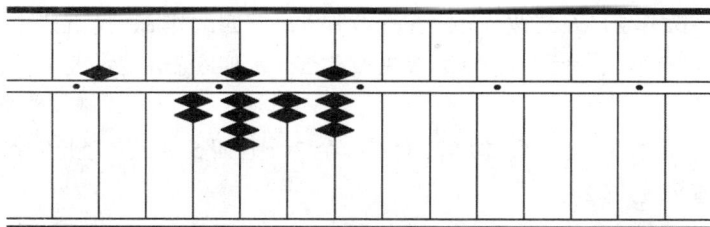

图 4-32

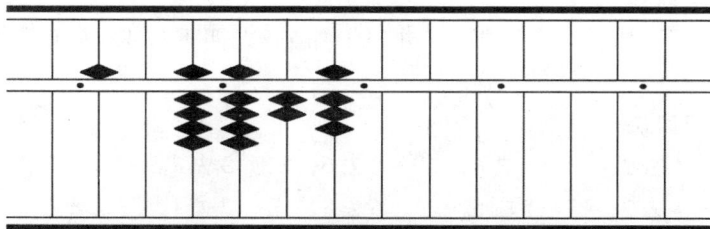

图 4-33

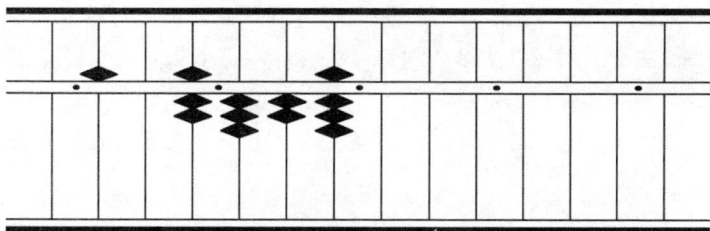

图 4-34

退商后余数 732 比除数要小，说明商数正确。

● 4.3　归除法

归除法也是比较古老的算法之一，属于以口诀求商的基本除法。归除法的口诀有传统口诀和改良口诀之分。传统口诀包括九归口诀、撞归歌和起一回原歌（即退商口诀），通过这些口诀来指导试商、调商和整个除法的计算。近年来新创立的改良口诀，非常适合于上一下四的五珠算盘。

归除法分为"归"和"除"两个步骤。一位数除法叫"归"，除数是几就叫归几；多位数除法叫"归除"，即先归后除，如除数 486，就叫"四归八六除"。

4.3.1　传统九归口诀

传统九归口诀如下：

一归：逢一进 1，逢二进 2，逢三进 3，逢四进 4，逢五进 5，逢六进 6，逢七进 7，逢八进 8，逢九进 9。

二归：二一改作 5，逢二进 1，逢四进 2，逢六进 3，逢八进 4。

三归：三一 3 余 1，三二 6 余 2，逢三进 1，逢六进 2，逢九进 3。

四归：四一 2 余 2，四二改作 5，四三 7 余 2，逢四进 1，逢八进 2。

五归：五一改作2，五二改作4，五三改作6，五四改作8，逢五进1。

六归：六一下加4，六二3余2，六三改作5，六四6余4，六五8余2，逢六进1，逢双六进2。

七归：七一下加3，七二下加6，七三4余2，七四5余5，七五7余1，七六8余4，逢七进1，逢双七进2。

八归：八一下加2，八二下加4，八三下加6，八四改作5，八五6余2，八六7余4，八七8余6，逢八进1。

九归：九一下加1，九二下加2，九三下加3，九四下加4，九五下加5，九六下加6，九七下加7，九八下加8，逢九进1。

4.3.2 改良九归口诀

二归：二一6去2，二一7去4，二一8去6，二一9去8。

三归：三一4去2，三一5去5，三一6去8，三二7去1，三二8去4，三二9去7。

四归：四一3去2，四一4去6，四二6去4，四二7去8，四三8去2，四三9去6。

五归：五一3去5，五二5去5，五三7去5，五四9去5。

六归：六一2去2，六一3去8，六二4去4，六三6去6，六四7去2，六四8去6，六五9去3。

七归：七一2去4，七二3去1，七二4去8，七三5去5，七四6去2，七五8去6，六五9去3。

八归：八一2去6，八二3去4，八三4去2，八四6去8，八五7去6，八六8去4，八七9去2。

九归：九一2去8，九二3去7，九三4去6，九四5去5，九五6去4，九六7去3，九七8去2，九八9去1。

使用"上一下四"算盘时，须借助于改良口诀（也叫改减口诀）才能顺利进行。在该口诀中，每句口诀五个字，第一个字表示除数，第二个字表示被除数，第三个字表示商数，第四个字"去"表示减去的意思，第五个字表示要减去的数。例如："四一3去2"就是说当12÷4=3时，直接把被除数首位1改为商数3，然后在商数的下一位减去2。这要比先"四一2余2"再"逢一进1"简洁明了，方便多了。改良口诀，一看便知，用起来十分方便，还免除了传统口诀中有时需用顶珠、底珠的麻烦，实为归除法的一大进步。

● 4.4 省除法

在多位数除法中，往往由于被除数和除数数字较长而对商数只要求达到近似值，因此在运算中往往把被除数或除数的尾数截去，使运算简捷，其主要步骤是先确定位数，后确定截止位置，运算时超线即停。

1）计算方法与步骤

（1）确定截取公式：被除数和除数按截取公式确定截取有效数字，舍去的第一位数字按四舍五入处理。

截取有效数字=被除数位数 - 除数位数 + 要求保留的小数位数 + 2

（2）确定压尾档：按照已截好的数字，把被除数拨在算盘上，并在末数的右一档拨上、下珠靠梁作为压尾档的标记。

（3）运算：每位商数乘除数的积数，从被除数右面相应的档次上依次减去，当减到压尾档时，按"四舍五入"处理。如果大于或等于除数前两位数字的一半时，商的末位数加1，小于一半时舍去不计。

2）定位

可采用算前的固定个位档定位法或公式定位法定位。

【例4-15】52.473681÷78.4321=0.67（精确到0.01）

运算步骤：

①定位：M - N=2 - 2=0（位），被除数首位数从0档开始置入。

②确定压尾档：2 - 2 + 2 + 2=4，在末位的右一档拨上、下珠靠梁，作为压尾档的标记，应布在压尾档上的被除数，按"四舍五入"进行取舍（如图4-35所示）。

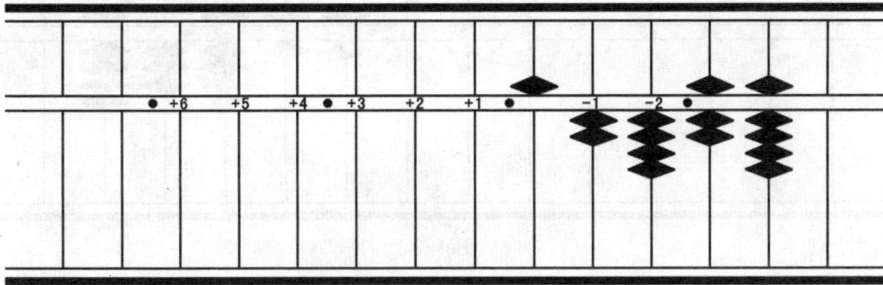

图 4-35

③运算和定商：商取到小数点后两位或四位为止。乘减时，一律到小数点后四位或六位为止。应在压尾档上乘减的，按"四舍五入"的原则处理，即在压尾档上要减去的数大于5时，前档减1；小于5时，前档不减。应在压尾档以下各档乘减时，一律省略不减。

④估商：商数为6，将被除数首位数改成商数6，左手指在商数处，右手拨减乘积，"六八48"，本档减去乘积的十位4，个位在右一档拨减，依次减去6与其他除数的乘积（如图4-36所示）。

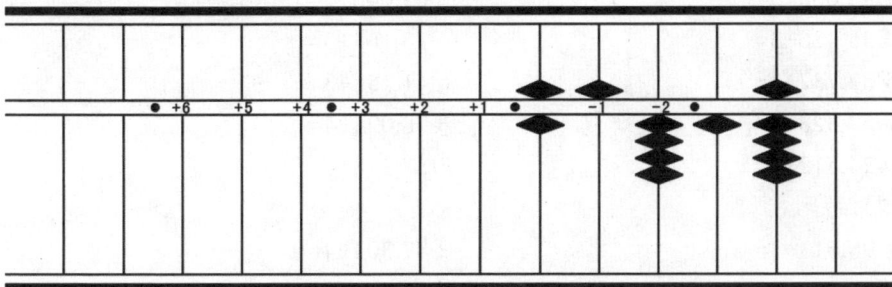

图 4-36

⑤继续估商，将余数541作为被除数，与除数相比较估商，商数为6，继续减乘积（如图4-37所示）。

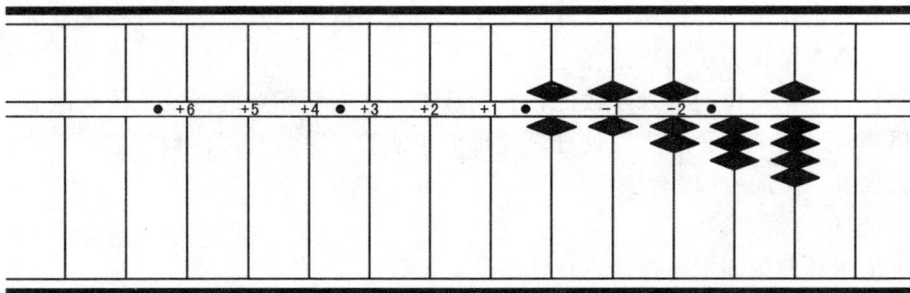

图4-37

⑥继续估商，将余数73作为被除数与除数相比较估商，商数为9，继续减乘积（如图4-38所示）。

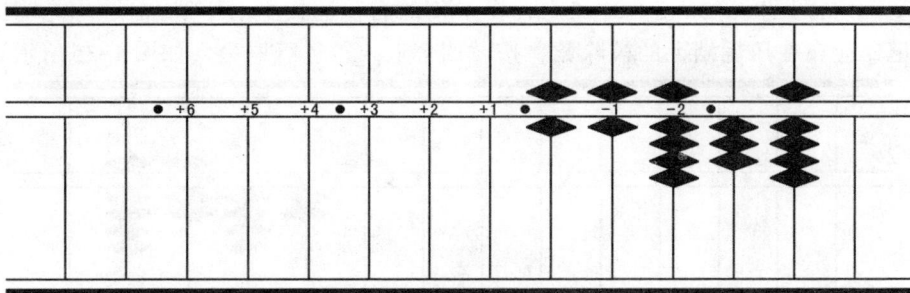

图4-38

⑦余数3与除数78比较，不及一半，故舍弃。

⑧书写答案：0.67。

● 4.5　实践训练

4.5.1　基本除法练习

1）一位数除法练习

（1）练习一

①43,068÷3=　　　　　　　　②67,046÷2=

③36,426÷3=　　　　　　　　④73,164÷3=

⑤82,737÷3=　　　　　　　　⑥41,158÷3=

⑦57,328÷4=　　　　　　　　⑧78,024÷4=

⑨24,512÷4=　　　　　　　　⑩87,328÷4=

（2）练习二

①98,613÷3=　　　　　　　　②87,304÷4=

③48,790÷5=　　　　　　　　④94,325÷5=

⑤232,356÷6=　　　　⑥883,956÷6=

⑦172,536÷6=　　　　⑧44,982÷6=

⑨13,182÷6=　　　　⑩242,456÷6=

（3）练习三

①648,936÷4=　　　　②468,910÷5=

③45,912÷6=　　　　④89,202÷6=

⑤65,936÷6=　　　　⑥883,956÷6=

⑦401,471÷7=　　　　⑧115,759÷7=

⑨142,856÷7=　　　　⑩683,956÷6=

（4）练习四

①38,215÷5=　　　　②478,602÷6=

③142,053÷7=　　　　④401,471÷7=

⑤531,622÷7=　　　　⑥679,504÷7=

⑦134,456÷8=　　　　⑧697,128÷8=

⑨74,432÷8=　　　　⑩497,128÷8=

（5）练习五

①378,078÷6=　　　　②325,758÷7=

③694,616÷8=　　　　④325,759÷7=

⑤345,728÷7=　　　　⑥561,231÷9=

⑦347,652÷9=　　　　⑧561,917÷9=

⑨123,156÷9=　　　　⑩367,659÷9=

2）定位练习

确定下列各除法算式商的位数和商数：

（1）练习一

①0.2688÷0.056　　　　②2,688,000÷0.0056

③258,800÷0.56　　　　④0.02688÷0.056

⑤26,800÷56,000　　　　⑥0.2688÷56

⑦0.2628÷5,600　　　　⑧26.88÷0.56

⑨268.8÷560　　　　⑩0.002688÷0.0056

（2）练习二

①25.6÷0.12　　　　②2,560÷0.12

③2.56÷0.012　　　　④25,600÷12

⑤0.256÷1,200　　　　⑥256,000÷1,200

3）多位数除法练习

（1）练习一

①1,394÷82=　　　　②7,144÷94=

③1,296÷24=　　　　④1,944÷54=

⑤1,922÷31=   ⑥3,526÷43=

⑦7,238 ÷94=   ⑧1,272÷53=

⑨1,769÷61=   ⑩5,952÷93=

（2）练习二

①5,994÷74=   ②1,278÷71=

③6,142÷5=   ④2,795÷43=

⑤2,280÷24=   ⑥4,108÷52=

⑦1,517÷84=   ⑧3,066÷42=

⑨6,862÷73=   ⑩4,080÷85=

（3）练习三

①1,428÷28=   ②7,068÷76=

③1,411÷18=   ④1,458÷18=

⑤1,431÷27=   ⑥5,829÷67=

⑦4,788÷57=   ⑧8,320÷26=

⑨3,825÷45=   ⑩4,016÷73=

（4）练习四

①31,820÷62=   ②14,268÷58=

③11,683÷76=   ④12,693÷31=

⑤54,195÷74=   ⑥38,430÷63=

⑦41,374÷43=   ⑧24,564÷92=

⑨74,432÷8=   ⑩4,016÷73=

（5）练习五

①34,560÷64=   ②35,112÷56=

③17,107÷37=   ④40,320÷56=

⑤10,461÷17=   ⑥82,748÷86=

⑦29,295÷67=   ⑧14,659÷27=

⑨55,315÷65=   ⑩17,998÷38=

（6）练习六

①14,224÷508=   ②44,928÷702=

③30,514÷803=   ④11,832÷408=

⑤110,532÷604=   ⑥11,043÷409=

⑦46,878 ÷601=   ⑧29,876÷308=

⑨54,834÷703=   ⑩16,068÷206=

（7）练习七

①5.4168÷0.74=   ②1.1366÷0.43=

③2.6424÷0.36=   ④8.2732÷0.86=

⑤1.7936÷0.38=   ⑥431.86÷0.26=

⑦2.4128÷0.64=

⑧40.233÷7.3 =

⑨241.794÷6.3=

⑩52,638÷8.7=

(8) 练习八

①11,750÷4.7=

②29,900÷2.6=

③230.72÷0.56=

④1,132.95÷8.3=

⑤47,040÷0.84=

⑥36,096÷4.8=

⑦4.5446÷0.62 =

⑧2.9148÷0.84=

⑨3.6354÷0.83 =

⑩2.7392÷0.64=

(9) 练习九（精确到0.01）

①41,472÷512=

②171,995÷839=

③287,028÷938=

④520,146÷639 =

⑤307,648÷736=

⑥2,700.775÷42.7=

⑦1,721.01÷32.7=

⑧6796.41÷72.6=

⑨295.74÷37.2=

⑩272.2605÷6.15=

(10) 练习十

①177,576÷156=

②319,992÷764=

③450,688÷852=

④11,684÷254=

⑤292,132÷734=

⑥4.6305÷0.516 =

⑦347,652÷9=

⑧226.9053÷3.27=

⑨123,156÷9=

⑩40.2995÷13.6=

4.5.2 传统练习

(1) 双狮耍绣球

8,760,647÷7=1,251,521

(2) 七郎八虎闯幽州

767,288,888,888÷8=95,911,111,111

(3) 孤雁出君

①998,001÷999=999

②99,980,001÷9,999=9,999

(4) 山上五只虎，地下九三七五

520,828,125÷9,375=55,555

4.5.3 简捷除法练习

省除法练习（精确到0.01）：

①4.5769÷6.9572=

②4.8699÷6.8534=

③0.0123÷0.0456=

④88.6345÷85.3456=

⑤28.6738÷66.987=

⑥31.7639÷38.9476=

⑦39.84761÷78.3746=

⑧84.3652÷74.6739=

⑨63.7462÷74.6789=

4.5.4 计算技术综合练习

1）练习一

（1）混合加减法练习一（填写表4-1）

表4-1

题号	（一）	（二）	（三）	（四）	（五）	合计
1	9,173	79,816	8,915	86,302	903,568	
2	15,489	408	79,821,569	856	−9,062	
3	70,869	9,703	903,517	−4,716	519	
4	15	45	42,863	738,094	301,609	
5	8,170	6,018	7,061,804	902	81	
6	43	457,190	2,935	−352,897	−87,042	
7	42,016	72	815,927	85,067	935	
8	82,319	9,207	−3,602	53	6,880	
9	546	25,468	62,038	−9,768	34	
10	1,804	53,469	517,495	814	−99,145	
11	57	246	630,257	−97,057	802,317	
12	13,905	76	14,502	93	−5,926	
合计						

（2）混合加减法练习二（填写表4-2）

表4-2

题号	（一）	（二）	（三）	（四）	（五）	合计
1	9,173.08	61,746.53	8,915.21	86,302.01	3,568.41	
2	1,459.68	408.42	1,569.43	856.29	−9,062.42	
3	7,869.51	16,702.53	9,517.52	−4,716.13	519.87	
4	15.32	45.97	5,863.93	38,094.52	501,609.52	
5	8,136.95	6,018.23	4,804.31	902.45	81.06	
6	2,543.26	190.86	7,935.09	−2,897.41	−6,042.35	
7	2,016.98	72.97	4,927.56	75,067.31	935.72	
8	7,319.75	9,257.51	3,602.72	53.01	6,880.41	
9	56.83	35,428.07	38.81	−9,768.42	34.06	
10	804.32	53,469.52	7,495.65	814.26	−9,145.72	
11	57.96	3,243.19	6,257.41	−7,057.32	2,317.56	
12	3,905.42	76.05	8,502.83	93.65	−5,926.80	
13	4,238.56	3,502.84	3,967.54	803,486.41	14.37	
14	781.69	136,879.51	−328.27	−9,057.12	713.97	
合计						

续表

题号	（六）	（七）	（八）	（九）	（十）	合计
1	291,836	91,517,638	731	913,867	97,539.412	
2	506,274	84,207	61,042	7,954,613	−86,075	
3	38,815	385,417	395	−82,026	64,513	
4	927,416	9,026	4,592	94,058,137	−9,872	
5	8,649	75,496,821	49	−91,042	702,645	
6	127,539	73,056	385,217	8,563	−9,803,713	
7	316,095	4,298,031	705	−752,301	16,895,204	
8	8,124	2,395	6,462	97,468,264	9,684	
9	95,478	9,087,12	713,542	−9,815,037	70,512	
10	386,974	46,503,827	69,853	74,532	−4,731,356	
11	19,327	36,914	904	698,149	−8,692,064	
12	462,058	307,914	8,036	6,832,059	309,712	
13	591,823	5,862	592	−71,461,597	6,486	
14	2,045,163	8,502,413	903,847	2,083	6,108,432	
合计						

（3）乘法练习

①23.05×57.609=　　　　　　②2,086×1,537=

③7,528×5,027=　　　　　　④91.68×4,231.6=

⑤9,562×93,086=　　　　　　⑥26,314×9,107=

⑦10,813×6,098=　　　　　　⑧27,105×8,412=

⑨37,816×8,704=　　　　　　⑩975.3×78.32=

（4）除法练习

①3,632,275÷6,317=　　　　　②390,555÷1,485=

③32.221840÷4.942=　　　　　④3.117136÷0.8756=

⑤281,523÷1,347=　　　　　　⑥1,389.306÷50.6=

⑦3,253,258÷4,531=　　　　　⑧3.686257÷0.7453=

⑨2,624,204÷41.8=　　　　　　⑩3,126.5832÷871.4=

2）练习二

（1）混合加减法练习三（填写表4-3）

表4-3

题号	（一）	（二）	（三）	（四）	（五）	合计
1	92,017	8,061	9,805	79,513	831	
2	8,534	739,524	713	−806	9,547	
3	130,286	3,927,051	619,735	357,921	21,945	
4	7,483,569	84,268	48	51	480,256	
5	81,472,506	70,594,163	90,814	−9,642	79	
6	5,204	70,865	819	746	−5,746	
7	63,178	9,241	4,720	39	80	
8	351,964	186,973	92	−7,815	−67,408	
9	97,802,462	53,028,024	38,514	941,082	913,786	
10	1,938,057	5,974,613	317,892	−97,502	294	
11	968,537	89,301	8,425	759	−8,967	
12	4,201	2,275,462	93	63	52	
13	7,896,402	9,014,865	725	8,069	−581,096	
14	18,593,075	73,205,137	61,840	−742,597	−46,098	
15	62,431	4,986	762,903	58,346	745	
合计						
题号	（六）	（七）	（八）	（九）	（十）	合计
1	309,514.87	73,804.63	703,481.12	937,401.23	392,516.52	
2	805.62	954.19	615,369.40	−8,625.46	94,471.73	
3	27,946.31	8,530.71	48,092.52	134,802.74	−302,865.58	
4	97.16	56.02	674,203.93	92,631.36	2,405.58	
5	8,305.42	736,824.91	9,518.41	−568,704.81	−879,613.67	
6	870.42	731.69	357,841.83	763,042.35	9,635,124.37	
7	38,169.53	4,082.52	9,062.65	9,518.26	7,808.54	
8	52.19	908,716.43	86,942.73	−735,416.53	940,326.37	
9	904,762.40	95,285.13	130,750.27	96,282.67	85,378.51	
10	7,185.36	47.06	863,412.81	75,031.98	−902,461.73	
11	53.01	6,924.03	618,704.55	−906,357.66	9,468,572.58	
12	64,829.67	78.51	52,239	8,412.53	−45,301.32	
13	814.52	596,103.74	9,715,048.72	719,064.72	901,768.62	
14	7,903.27	82,416.28	926,803.89	−515,292.85	8,160.15	
15	409,518.36	705.93	5,714.34	46,803.51	−974,52.413	
合计						

（2）乘法练习

①3,628×1,397=　　　　　②257.8×20.78=

③91.28×62.18=　　　　　④5,072×3,072=

⑤46.28×86.15=　　　　　⑥79.36×98.26=

⑦68.25×518.7=　　　　　⑧34.75×843.1=

⑨93.01×9.407=　　　　　⑩4,328×74,803=

（3）除法练习

①36,978,188÷514=　　　　②29.62608÷7.964=

③42,604.6571÷53.6=　　　④29,191,722÷374=

⑤870.1927÷20.9=　　　　⑥38.94266÷4.1784=

⑦48,607.3918÷1,680.3=　　⑧7,200.23÷28,039=

⑨7,048.283÷921.7=　　　　⑩1,221,607÷709=

3）练习三

（1）混合加减法练习四（填写表4-4）

表4-4

题号	（一）	（二）	（三）	（四）	（五）	合计
1	64,917.32	4,932.51	507,412.78	450,312.85	78,069.41	
2	95.46	86.17	603,817.27	−98,217.94	−85.32	
3	714,253.08	874,675.32	54,263.09	54,803.02	792,364.01	
4	861.07	8,092.13	8,027.31	−976,021.60	−752.06	
5	46,392.85	94,528.76	783,159.72	943,756.84	914.38	
6	9,013	13.06	394,612.34	8,201.57	−9,526.47	
7	49.56	915,048.72	568,724.61	−659,482.43	87,506.31	
8	108,457.32	308.45	50,361.59	503,416.21	98.30	
9	8,907.16	762.19	8,047.42	792,483.09	815,267.48	
10	94.01	4,075.34	361,985.67	−76,325.83	214.05	
11	573,826.96	84,196.53	409,132.82	5,703.61	−93,627.80	
12	182.36	76.81	956,387.49	69,428.42	6,574.31	
13	509.47	502,466.04	1,024.04	196,543.63	89.03	
14	5,803.12	802.93	84,795.71	−8,072.48	−627,918.54	
15	25,258	86,507.41	45,136.83	641,357.59	5,142.30	
合计						

续表

题号	（六）	（七）	（八）	（九）	（十）	合计
1	76,024	728	95,614	7,961	806,734	
2	713,429	50,749	832,071	7,523,046	9,104	
3	6,058	3,804	850,467	92,158,034	75,038	
4	6,914,523	75	−9,231	71,608	17	
5	13,049,728	946,812	73,509,826	37,496	826,913	
6	76,059	9,072	9,546,217	801,956	−956	
7	62,318	58,346	−59,408,302	346,825	702	
8	907,854	95	8,107,436	9,017	−9,518	
9	531,724	806,317	1,648	73,145,806	92,504	
10	6,096	294	95,307	7,594,032	78	
11	30,429,567	905	−62,504	88,201,376	−706,153	
12	9,846,213	13,462	9,813	1,485,926	904	
13	89,705,126	20,734	−8,756,204	9,462	−79,613	
14	7,813,504	60	76,305,412	13,578	5,203	
15	8,135	4,192	−90,328	802,345	−97	
合计						

（2）乘法练习

①680.4×9,325=　　　　②4,618×53,796=

③610.8×35.97=　　　　④52.18×214.6=

⑤89,160×5,437=　　　　⑥86.04×375.2=

⑦81,034×2,965=　　　　⑧217.83×956.4=

⑨50,483×9,173=　　　　⑩612.4×0.9835=

（3）除法练习

①5,093,235÷805=　　　　②1,162,466÷1,702=

③931.4886÷3.58=　　　　④12,979,275÷183=

⑤20,756,365÷34,195=　　　⑥54.2591÷3.85=

⑦596.0147÷128.07=　　　⑧23,824,584÷294=

⑨1,259.9104÷2.63=　　　⑩24,556,968÷684=

4）练习四

（1）混合加减法练习五（填写表4-5）

表4-5

题号	（一）	（二）	（三）	（四）	（五）	合计
1	423,705	4,302	90,512	96	1,302	
2	17	759,186	8,637,425	403	85	
3	1,289	70,148,936	53,624,109	96,051	53,029	
4	74	2,705,683	812,709	2,936	160,387	
5	61,836	15,104,396	75,394	−584	−47	
6	952,718	8,752,419	10,843,562	983,157	921	
7	46	2,759	9,649,178	−85,412	−74,536	
8	175	10,486	658,394	9,023	3,054	
9	72,856	84,601	1,037	816	−714	
10	9,603	819,735	42,695	−94	539,618	
11	912	9,042	80,137,425	709,536	−92,408	
12	428,765	8,059,367	1,962,708	−6,532	8,051	
13	972,539	48,725,613	6,936	78	−634	
14	4,980	43,091	817,463	96,175	72	
15	529	76,058	8,504	−502,183	754,816	
合计						
题号	（六）	（七）	（八）	（九）	（十）	合计
1	34,058	62,137,054	86,920	9,530,412	3,017,291	
2	792,408	810,239	6,495	968,217	704,324	
3	15	46,058	490	6,034	2,807	
4	392	14,952,367	928,601	−98,572	73,628,375	
5	85,496	1,907,823	−95,317	81,705,643	64,534	
6	1,356	596,074	1,814	1,356,024	9,542	
7	781	4,128	926	−9,620	509,729	
8	430,916	75,063	−18	176,904	91,350	
9	9,208	19,423,586	759,416	8,713	501,345	
10	715	8,207,319	−5,463	83,245	3,548	
11	38	7,048	98	−8,083,475	4,861,083	
12	859,432	549,278	86,305	34,896,725	40,382,786	
13	4,205	6,195	−691,503	−513,204	6,058,918	
14	96	60,213	87	86,702	426,219	
15	37,415	9,534,876	−952	−51,349,768	9,276	
合计						

（2）乘法练习

①4,396×8,517=　　　　　　②9,346×1,256=

③503.4×62.19=　　　　　　④841.9×502.63=

⑤4,729×1,305=　　　　　　⑥513.64×79,012=

⑦50.26×93.18=　　　　　　⑧3,658×9,407=

⑨15.24×60.98=　　　　　　⑩2.9407×815.3=

（3）除法练习

①4,863,338÷5,207=　　　　②2,490,664÷2,573=

③668.3813÷73.06=　　　　④21.9828÷0.576=

⑤6,588,112÷7,208=　　　　⑥530.001÷9.04=

⑦1,256.9828÷438.76=　　　⑧3,713,412÷436=

⑨34,356,388÷91,862=　　　⑩181.0009÷3.49=

5）练习五

（1）混合加减法练习六（填写表4-6）

表4-6

题号	（一）	（二）	（三）	（四）	（五）	合计
1	68	8,591,045	472	89,357	67,035	
2	5,497	96,072	38	−7,604	7,183	
3	549,296	79,186,543	78,164	182	96,827,504	
4	−73	262,503	7,659	406,915	−9,834,251	
5	9,248	8,147	859,143	83,407	873,906	
6	−845	19,305	46	218,475	−5,142	
7	865,180	69,358,274	8,307	29	9,837,106	
8	74,516	1,820,746	174	467	54,128	
9	−832,059	3,095	879,621	1,293	−54,063,972	
10	97	286,147	94,065	64,075	761,039	
11	103	3,591,402	830,479	185	−86,542	
12	8,960	87,609	76	27	9,738,102	
13	−52,463	35,174,287	139	12,085	6,504	
14	853	257,038	8,509	9,317	93,728,431	
15	91	6,491	62,351	285,309	−698,412	
合计						

题号	（六）	（七）	（八）	（九）	（十）	合计
1	69,128	9,935	64,302	83,629,574	653,042	
2	839,574	82,037,416	8,705,916	703,614	892	
3	32	92,456	−8,432	9,285	49,705	
4	697	785,103	92,507,316	604,201	746,582	
5	4,305	6,207	83,514	94,075,836	−23	
6	80,917	94,875,613	−947,602	9,758,132	845	
7	737	8,423,190	9,615	4,601	−9,431	
8	49	526,978	75,064,382	352,798	58,601	
9	83,742	1,403	−8,931,027	4,061,253	−964	
10	3,512	8,750,962	864,157	89,071	83	
11	812,754	14,073	3,209	49,268,375	−95,172	
12	82	46,915,283	7,648,159	684,139	8,041	
13	7,469	826,905	−62,306	7,052	−401,385	
14	387	54,317	−87,401,532	9,106,254	97	
15	513,764	9,721,068	598,174	37,108	5,603	
合计						

（2）乘法练习

①53,579×1,084=　　②53.71×624.8=

③8,250×4,637=　　④1,932×5,867=

⑤45.32×91.02=　　⑥61.09×24.73=

⑦30,175×7,886=　　⑧7,605.9×82.69=

⑨3,679×5,487=　　⑩9.23×70.86=

（3）除法练习

①25,804,204÷326=　　②1,362,060÷805=

③3.47487÷0.81503=　　④25,554,334÷84,617=

⑤13.783531÷2.3918=　　⑥418.6209÷0.596=

⑦33.59153÷0.685=　　⑧101.8301÷20.48=

⑨21,881,526÷618=　　⑩8,617,358÷59,023=

6）练习六

（1）混合加减法练习七（填写表4-7）

表4-7

题号	（一）	（二）	（三）	（四）	（五）	合计
1	39,172	98,204	9,035	896,247	9,542,613	
2	85,316,402	873,516	75	130	8,650	
3	9,754	61,403,269	71,962	−46	89,311	
4	1,548,302	7,842	905,346	8,193	−765,204	
5	76,802	9,351,706	742	91,756	84,905,312	
6	145,369	902,318	968	237,849	6,713	
7	92,081,734	76,458,019	30	−631	−8,965,042	
8	1,506	9,427	6,158	854	871,029	
9	8,179,345	6,540,831	82,074	29	60,439,758	
10	789,016	72,935	591,430	−8,052	−8,361	
11	59,436,872	16,208	36	97,356	9,417,502	
12	5,207	594,813	9,182	−286,634	−63,842	
13	8,601,349	52,386,740	17,206	56	70,591	
14	573,231	9,610	580,473	8,047	708,243	
15	68,409	2,706,513	426	−95,867	−41,297,356	
合计						
题号	（六）	（七）	（八）	（九）	（十）	合计
1	8,975	51,892,340	98,071	89,075,132	798,142	
2	935,086	6,318	718,549	7,650,138	61	
3	45,072	8,962,713	−853	92,408	8,705	
4	947	987,139	763	75,361	2,864	
5	31	60,425	41	836,094	−69,413	
6	8,764	952,738	−9,740	6,124	853	
7	482,063	96,207,814	97,863	8,295,017	17	
8	97,312	5,013	−548,023	94,357	−8,735	
9	625	6,071,849	84	821,036	719,530	
10	93	42,386	−9,356	9,805,476	93,208	
11	619,845	170,952	−32,078	9,327	469	
12	83,462	84,105,936	578,041	5,468,033	−78	
13	906	8,261	247	854,367	−736,953	
14	75	9,753,041	86	65,403,612	51,416	
15	4,586	526,734	46,513	9,742	−928	
合计						

（2）乘法练习

①9,153×8,763=　　　　　②26,014×3,975=

③579.6×14.08=　　　　　④9,351×62,048=

⑤79.06×41.38=　　　　　⑥45,076×3,075=

⑦4,678×7,153=　　　　　⑧82.35×160.7=

⑨2,698×3,507=　　　　　⑩35,084×7,351=

（3）除法练习

①22,551,928÷238=　　　　②3,764,046÷902=

③106.0044÷84.17=　　　　④576,542÷3,649=

⑤1,265,645÷4,705=　　　　⑥39,535,371÷95,728=

⑦1,748,371÷257=　　　　　⑧3,574,512÷3,708=

⑨724.9919÷76.04=　　　　⑩147.0373÷24.17=

7）练习七

（1）混合加减法练习八（填写表4-8）

表4-8

题号	（一）	（二）	（三）	（四）	（五）	合计
1	9,037.18	93,185.67	794.13	86,031.02	986,103.45	
2	41,963.85	802.44	82,076.41	985.26	−9,062.24	
3	702,869.40	137,952.06	835.93	−7,614.31	985.17	
4	13.52	49.57	7,519.24	784,093.52	796,135.03	
5	9,807.15	6,083.12	90.46	906.42	81.62	
6	24.63	190.86	617,038.25	−521,983.74	−85,042.73	
7	40,869.26	72.42	703.51	71,608.35	957.32	
8	235,791.07	2,079.51	8,642.96	13.05	−8,618.40	
9	468.35	853,046.28	137,058.42	−9,862.47	43.60	
10	4,102.83	57,139.46	95,367.29	814.26	−97,594.21	
11	95.67	421.39	14.83	−52,937.07	862,075.13	
12	713,902.45	60.57	7,036.48	96.25	9,260.58	
13	52,406.83	5,302.84	15.92	806,148.34	14.73	
14	781.69	318,695.17	309,475.18	−9,072.15	961.37	
15	752.64	80,946.72	26,058.26	75.49	−74,725.02	
合计						

题号	（六）	（七）	（八）	（九）	（十）	合计
1	791,863	96,736,519	983,176	9,815	97,594,123	
2	95,074,263	80,724	9,513,764	75,468,219	−86,075	
3	83,518	753,418	−86,022	507,309	51,364	
4	9,164,072	9,206	95,098,413	32,864	−9,782	
5	8,964	57,492,186	−92,014	7,416,081	754,206	
6	957,132	75,036	8,563	5,932	−8,903,713	
7	6,075,913	4,208,913	−752,031	815,972	61,895,204	
8	8,142	704,168	96,482,476	3,604	9,846	
9	79,548	5,923	−9,501,378	63,802	20,751	
10	35,807,469	8,950,712	74,532	91,745,419	708,539	
11	91,723	26,308,463	869,619	5,307,682	−24,735,316	
12	864,052	75,193	2,894,035	452,081	−9,806,142	
13	6,902,831	319,407	−64,795,711	69,736	903,217	
14	72,043,561	8,256	8,203	8,134,825	6,486	
15	4,205	8,504,132	5,042	30,740,726	8,614,032	
合计						

（2）乘法练习

①924.6×37.52=　　　　　　②5,851×46,803=

③8,042×3,579=　　　　　　④46.37×67.13=

⑤9,517×2,046=　　　　　　⑥47.09×94.02=

⑦4,659.7×12.49=　　　　　⑧384.2×7.2068=

⑨81,025×8,714=　　　　　⑩92,136×9,825=

（3）除法练习

①40,267,248÷592=　　　　②139.4927÷24.36=

③4,864,659÷853=　　　　　④37.997268÷6.5021=

⑤3,643,508÷4,871=　　　　⑥40,120,863÷587=

⑦4,192,236÷513=　　　　　⑧1,682,252÷9,724=

⑨516.05278÷0.574=　　　　⑩274.33756÷0.371=

8）练习八

（1）混合加减法练习九（填写表4-9）

表4-9

题号	（一）	（二）	（三）	（四）	（五）	合计
1	9,508.26	897,530.14	87,042.63	95,713.42	802.31	
2	754.31	528.06	941.59	−806.04	9,573.46	
3	197,302.56	41,973.26	3,018.75	823,579.16	91,705.24	
4	84.72	97.61	50.26	53.1	846,365.02	
5	98,034.16	8,405.23	726,814.93	−9,872.46	97.81	
6	981.35	748.02	837.61	756.42	−7,654.13	
7	4,274.06	69,183.53	4,208.52	93.08	82.09	
8	90.62	52.91	930,847.61	−8,756.13	−75,806.42	
9	75,083.15	904,742.07	19,532.85	902,846.14	975,368.31	
10	962,831.74	7,835.61	60.47	−95,027.31	214.09	
11	8,162.45	35.01	3,690.24	980.57	−9,074.86	
12	97.03	96,274.68	15.87	62.13	51.32	
13	792.35	852.14	903,564.17	9,048.16	−518,097.63	
14	68,103.84	7,209.37	82,418.26	−453,197.72	−46,081.29	
15	740,629.51	409,518.63	597.03	53,802.64	745.32	
合计						

题号	（六）	（七）	（八）	（九）	（十）	合计
1	92,017	8,016	976,034	80,573,142	95,038,261	
2	8,543	573,429	−8,265	635,916	94,417	
3	301,862	3,079,512	72,504,318	89,402	−7,865,032	
4	3,895,467	82,468	62,913	7,603,742	4,205	
5	61,805,427	50,713,469	−9,864,705	9,815	−981,637	
6	5,042	70,586	630,247	785,413	9,513,426	
7	86,173	9,241	9,518	9,602	7,807	
8	649,513	687,193	−7,856,143	89,013,057	78,538	
9	82,096,247	50,235,408	96,420,928	42,775	−902,641	
10	9,803,175	5,137,469	75,013	8,394,216	96,034,215	
11	853,769	81,039	−906,375	780,416	9,258,467	
12	4,201	264,275	4,821	52,932	−54,301	
13	7,902,846	6,409,185	−9,806,471	8,049,157	36,809,127	
14	81,095,357	70,357,123	−71,529,253	93,608,263	8,601	
15	62,431	4,682	40,863	5,714	−953,249	
合计						

（2）乘法练习

①2,149×3,082= ②96.04×706.9=

③4,870.1×43.16= ④15,037×5,822=

⑤741.6×71.69= ⑥7,307×86,052=

⑦3,056×5,308= ⑧90.24×5.4203=

⑨78.03×84.06= ⑩98.14×759.1=

（3）除法练习

①37,988.62÷438= ②57,858,306÷957=

③973.1358÷26.9= ④7,228,992÷52,384=

⑤328,757÷209= ⑥1,298,076÷628=

⑦162.82367÷26.039= ⑧68,245.84÷8,276=

⑨32,627,902÷361= ⑩6,447,905÷685=

9）练习九

（1）混合加减法练习十（填写表4-10）

表4-10

题号	（一）	（二）	（三）	（四）	（五）	合计
1	5,410	7,534,216	75,068,203	5,946	532,674	
2	97	28,309,514	8,265	−908	−98,746	
3	1,584	870,169	14,709	76,512	952	
4	689	43,862	3,527,164	924,036	−8,364	
5	73,610	97,513,204	1,824	−179,046	95	
6	135,218	9,510,687	936,218	370	7,856	
7	569,801	873,245	5,903	13	−28,507	
8	624	2,609	54,670	49	496,203	
9	17	13,845	9,130,872	−71,402	465	
10	34	31,049,752	97,860,541	9,607	2,819	
11	93,617	9,651,807	743,256	426	45,239	
12	8,764	6,825	49,208	702,958	−87	
13	132	750,265	53,089,671	−78,059	45	
14	910,876	9,437	7,152,463	4,652	−917	
15	27,948	81,049	182,049	38	698,134	
合计						

题号	（六）	（七）	（八）	（九）	（十）	合计
1	35,078,620	602,417	8,362	46,079,813	65	
2	8,652	92,876	79,803	7,524,368	67,043	
3	14,097	957,820	5,641,032	9,352	89	
4	5,321,467	160	47,198,302	920,374	9,308	
5	4,218	93	960.75	6,041	−759	
6	931,862	75	−72,315	17,856	542,187	
7	5,903	19,542	19,804,236	9,801,432	−96,038	
8	46,075	7,018	−9,567,408	19,586,027	9,547	
9	8,209,713	435	376,412	437,568	−16	
10	14,765,089	805,329	−9,581	15,903	−8,527	
11	425,367	17,849	37,204	84,902,167	603	
12	49,208	6,742	−12,098,364	9,543,672	49,058	
13	56,908,713	19	9,865,047	520,149	376,528	
14	7,543,612	7,506	7,514	9,637	−394,075	
15	930,841	184	−694,412	15,082	803	
合计						

（2）乘法练习

①6,932×15,407=　　　　　②7,682×5,143=

③163.92×504.7=　　　　　④0.1384×972.56=

⑤5,274×8,906=　　　　　⑥92.48×3.1075=

⑦9,286×5,073=　　　　　⑧3.609×817.24=

⑨650.8×94.13=　　　　　⑩39.76×0.8104=

（3）除法练习

①1,086,180÷172=　　　　②3,802.1013÷473.85=

③1,107,720÷136=　　　　④527.8931÷6.27=

⑤1,895,806÷5,069=　　　⑥318.1055÷39.52=

⑦931,660÷6,295=　　　　⑧18,082,968÷246=

⑨3,769,132÷7,193=　　　⑩59,498,368÷739=

10）练习十

（1）混合加减法练习十一（填写表4-11）

表4-11

题号	（一）	（二）	（三）	（四）	（五）	合计
1	315,416	4,396,150	47,132,096	832,470	859,230	
2	29,405,718	4,278	194,608	16,902	79,143	
3	6,137	89,237	2,365	−6,374	−9,654	
4	9,352,048	40,651	1,972,840	164	251	
5	17,268	867,294	86,357	−75	37	
6	53,094	12,053,978	190,325	439,607	−563,204	
7	615,738	4,103	47,609,128	−89,715	83,290	
8	14,097,826	6,290,578	3,572	4,735	−9,654	
9	3,029	14,635	1,063,982	384	602	
10	1,586,497	379,180	9,046	15	38	
11	43,025	48,720,695	1,582,376	−439,782	659,402	
12	672,908	5,123	19,504	17,086	−78,103	
13	61,873,549	1,498,076	38,672	7,452	9,658	
14	1,402	5,354,267	576,489	−829	814	
15	5,038,796	18,269,305	52,307,814	13	−97	
合计						
题号	（六）	（七）	（八）	（九）	（十）	合计
1	362,047	963,178	98,034	175,824	60,354,128	
2	9,507	45	56,172	230	157,092	
3	716	78,519	980,573	16	−87,349	
4	84	4,752	13,269,804	62,301	−25,160	
5	48,302	805	−5,412	7,658	7,962,832	
6	7,859	94	9,360.82	405	−5,170	
7	132	986,257	−57,642	37	49,316,583	
8	84	41,708	−924,081	193,502	−687,509	
9	307,156	927	39,081,756	18,796	7,923,041	
10	12,489	15	4,623	5,687	−8,645	
11	6,798	928,631	1,078,592	315	73,986,512	
12	345	79,605	468,574	67	146,023	
13	86	4,365	−23,097,164	359,148	98,476	
14	926,307	189	8,593	72,091	2,509,831	
15	85,214	1,532	−4,571,046	5,874	4,763	
合计						

（2）乘法练习

①7,035×42,169=　　　　②42.03×98.27=

③1,428×60,589=　　　　④56.38×16.07=

⑤31,732×4,203=　　　　⑥6,048×39,517=

⑦9,528×4,173=　　　　⑧403.7×24.13=

⑨45.16×702.8=　　　　⑩3,785×1,496=

（3）除法练习

①3,063,426÷4,957=　　　　②21,881,526÷618=

③49.772241÷9.2614=　　　　④1,303,954÷4,958=

⑤493.0932÷8.14=　　　　⑥30,164,343÷627=

⑦2,300,541÷2,697=　　　　⑧656.46281÷0.924=

⑨21,810,726÷35,814=　　　　⑩559.06÷12.8=

11）练习十一

（1）混合加减法练习十二（填写表4-12）

表4-12

题号	（一）	（二）	（三）	（四）	（五）	合计
1	9,516	783,712	906,857	709,454	72,054	
2	439,214	86,512	52	71,206,734	87	
3	8,563	57,398,214	834	−931,424	−9,507	
4	78,609,856	8,908	4,957	9,615	8,145	
5	5,802	59,316	716,042	86,403	76,074	
6	9,632,601	7,450,703	8,102	−9,623,061	913,234	
7	86,403	548,145	4,932	8,502	89	
8	954,074	902,504	26,913	95,087,676	−7,732	
9	31,704,627	9,272,052	95	8,653	90	
10	812,018	7,813	753	−821,081	684	
11	57,673	32,914,301	519,543	75,637	912,384	
12	95,314,914	9,614	35,907	−9,941,543	−956	
13	75,091	69,526,686	901	9,253,037	−70,259	
14	8,294,287	4,703,674	68	92,071	−856	
15	3,952,073	96,303	82,749	−8,429,287	259,682	
合计						

题号	（六）	（七）	（八）	（九）	（十）	合计
1	52,620	1,546.42	89,308	78	76,640	
2	95,103,205	5,932.27	871	82,038	875,461	
3	7,614	97.85	−8,472	584	9,563	
4	9,203,868	210,891.50	43,985	421,873	10,583,435	
5	57,148	731.06	−8,407	94,372	−94,303	
6	5,107	850,174.05	79	1,591	24,683,042	
7	42,186,501	83,108.76	−652	87	−2,874,298	
8	753,802	87.03	9,637	6,052	756,125	
9	94,537	697.69	532,090	861,091	9,817	
10	9,213,548	23.49	74	905	83,519,252	
11	803,748	463.84	632,796	1,754	−8,017,703	
12	9,103,648	7,260.31	−63,980	721,068	−962,051	
13	2,749	912,547.24	953	539	9,376	
14	12,746,369	83,084.92	182,561	92,835	84,106	
15	696,539	6,385.63	−71	63	−1,270,949	
合计						

（2）乘法练习

①3,046×3,244=　　　　　　②132.87×732=

③3,986×8,075=　　　　　　④54,382×4,075=

⑤13,907×4,578=　　　　　　⑥9,389×7,542=

⑦3,487×19,065=　　　　　　⑧60,875×7,938=

⑨4,936×8,751=　　　　　　⑩8,126×4,503=

（3）除法练习

①7,509,753÷36,279=　　　　②18.32714÷7.0342=

③508.29007÷0.85=　　　　　④10.876387÷2.4891=

⑤3,309,856÷9,403=　　　　　⑥747.1124÷2.56=

⑦675.75242÷0.834=　　　　　⑧29,082,708÷81,693=

⑨2,126.0945÷9.32=　　　　　⑩5,387,886÷6,309=

12）练习十二

（1）混合加减法练习十三（填写表4-13）

表4-13

题号	（一）	（二）	（三）	（四）	（五）	合 计
1	7,192,031	98,215	38,280	91,501	92,420	
2	40,327	9,579	982	8,475,563	8,591,418	
3	82,607	69	941,707	762,105	−93,532	
4	73,587,263	965,876	25,630	4,701,865	76,540,604	
5	54,365	913	41	−598,301	94,243	
6	9,599	61,087	8,507	−9,621	−897,763	
7	720,459	7,613	741,565	57,923	926,138	
8	93,521,610	406,302	92	3,047	3,207	
9	845,150	7,906	94,204	8,642,073	−38,017,085	
10	4,583	76	957,173	−98,672	8,504	
11	8,104,386	549,271	86	63,190,485	7,615	
12	7,296	87,023	9,206	−398,437	7,514,812	
13	14,276,308	83	910	−92,058,012	−910,562	
14	9,681,506	543	1,957	8,147	−53,619,679	
15	912,746	845	920	64,293,426	8,902,437	
合计						

题号	（六）	（七）	（八）	（九）	（十）	合 计
1	96,751	97,406	765,540	2,607,689	7,463	
2	53	69,812,120	83,732	91,009	51,672	
3	961,019	76,048	−9,872	35,912	545,607	
4	49,832	9,301,512	36	95,486,124	36	
5	7,804	63,018	−950	7,281	951	
6	8,947	5,864	950,145	6,785,308	−9,803	
7	75	830,472	75,409	9,541	38	
8	437,506	50,826,375	14	608,625	854,874	
9	83	7,294,741	−9,842	94,107,694	−96,827	
10	923,018	5,614	80	5,853	35	
11	9,546	756,267	8,136	323,618	9,034	
12	356	9,317	−59,867	32,513,043	−901,027	
13	754	8,491,383	−807	26,743	−859	
14	82,561	305,652	564	7,504,178	−985	
15	914	62,854,093	108,932	972,074	93,026	
合计						

（2）乘法练习

①43,536×8,629= ②93.12×74.26=

③0.9514×5,028= ④43.57×7.568=

⑤1,586×7.3602= ⑥61.08×5,429=

⑦326.29×406.8= ⑧6,013.6×79.82=

⑨7,685×504.3= ⑩723.6×0.8964=

（3）除法练习

①8,813,344÷15,248= ②33,509,868÷807=

③324.0785÷63.18= ④2,570,535÷6,347=

⑤19,781,396÷796= ⑥357.9287÷6.03=

⑦6,241,032÷7,308= ⑧34,044,192÷765=

⑨288.0891÷4.05= ⑩19,139,886÷786=

第 5 章

传票算法与账表算法

[学习要点和难点]

学习要点：传票算法、账表算法。

学习难点：传票算法的一次一页翻来回打法、一次双页翻打法；账表算法轧平。

● 5.1 传票算法

　　传票是会计凭证，"打传票"是从事财会、金融工作的基本功，也是练习珠算加法的一种好方法。在现实工作中，经济部门的会计日常业务核算、统计报表、账务分析等业务活动，其数字皆来自对这些原始凭证的计算，也就是对传票上数字的计算，并且计算速度和计算结果的准确性将直接影响到各项业务活动的可靠性与及时性。正因如此，即使在计算机已较为普及的情况下，许多金融部门仍对一线工作人员进行经常性的传票计算考核或组织相关比赛。传票算和账表算是日常实际业务中接触最多、应用最为广泛的计算业务，具有很大的实用价值。在我国现行的珠算技术比赛中设有传票算和账表算，所以，财经工作者或者财经院校的学生，必须熟练地掌握好传票算和账表算技术，并且保质保量。

5.1.1　检查和整理传票

　　首先，检查传票的完整性与清晰度。在计算前一定要进行仔细检查，应逐页逐面翻看，以防漏页和重页，同时还要注意检查印刷是否清晰。如发现问题应及时处理，发现重页，只需将重页撕下来即可，若有漏页则应调换。对于看不清的要填写清楚，计算过程中以填清的数字为准。

　　其次，应及时整理传票，传票检查完应码放整齐。计算前将传票捻成扇面形状，使每张传票松动，原先贴在一起的自然分开，避免翻重页的现象出现。具体操作方法是：左手拇指放在传票封面的左上角，其余四指放在传票背面的左下角，右手拇指放在传票封面的右下角，其余四指放在传票背面的右上角，轻轻往下捻动，即成扇面形状。也可以用别的方法把传票捻成扇面形，但必须使封面向下突出，封底向上突出，以便于翻页，同时，扇面不宜过大。最后用夹子夹住传票的左上角，使扇形固定。

5.1.2 传票的种类和规格

（1）传票的种类。传票分为两种：一种是订本式传票，以传票的左上角为固定点装订成册，一般在比赛中使用；另一种是活页式传票，在实际工作中，银行使用较多。

（2）传票规格。比赛用传票一般长19厘米，宽9厘米，60克纸，用4号手写体印制。每面各行数字下加横线，其中第二、四行为粗线。每本传票100页，每页5行数码，每行数码前印有行次，1～100页共计550个数码，每笔最多为7位数，最少为4位数，全为金额。页码一般印在右上角，用阿拉伯数字标明，如图5-1所示。

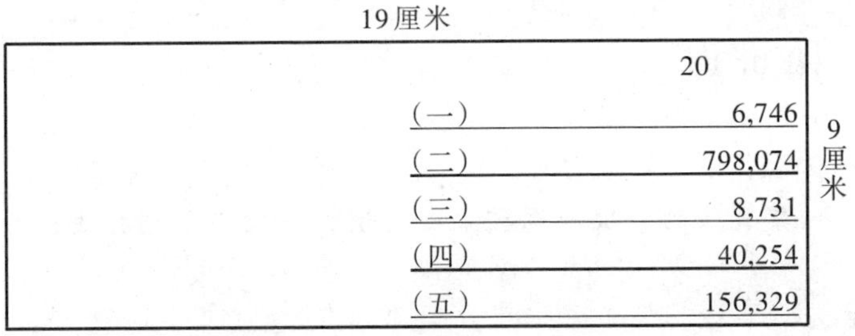

19厘米

	20
（一）	6,746
（二）	798,074
（三）	8,731
（四）	40,254
（五）	156,329

9厘米

图5-1

传票的练习题是任意挑选起止页码的，这就需要找页。传票的练习题一般每题要计算20页，选定某一行，将每页的该行数字相加。第一题是"5～24页（二）"，第二题是"16～35页（五）"，第三题是"32～51页（一）"，第四题是"65～84页（三）"……从这些题来看，每计算完一题，有时向前翻若干页，有时向后翻若干页。为了能使找页更加迅速，必须先练习好手感，即用手感觉10页、20页、30页或更多不同页数的传票有多厚。这样，当计算完第一题右手正在抄写答案时，眼睛稍瞥一下试卷下一题起止页码，左手凭手感迅速翻到起始页（调整的页数不超过5页），当右手抄完答数，紧接着便可计算下一题。所以，传票计算的速度，与找页动作的快慢、准确与否关系很大。因此，必须刻苦练习传票计算的找页，要求计算的同时翻页，尽可能不多翻也不少翻。

5.1.3 传票的翻页

传票的翻页可分为一次一页翻和一次双页翻（也有一次三页翻的），计算的方法又可分为传统打法和来回打法。传票的常见打法是左手翻页，右手拨珠计算。

1）一次一页翻的传统打法

一次一页翻传统打法的传票翻页方法是：左手小指、无名指和中指放在传票封面的左下方，食指、拇指放在每题的起始页，当右手将传票起始页的有关数据拨入盘还剩下两个数码时，左手拇指将传票掀起，并用食指与中指夹住，此时可录入计算下一页的数据，这样，左手拇指将传票一页一页地翻，右手将每页的有关数据拨入算盘，同时默数翻过页数。当数到19时，左手拇指不再往下翻页（这时右手正在将第20页的有关数字拨入算盘），做好找下一题起始页的准备。当右手拨完最后一笔数据时迅速将答案填写在试卷答数栏内。左手拇指又开始找页，这样继续下去。在翻动传票时，为避免翻重页，左手拇指除了负责翻页，还要和食指配合找页，食指除了负责找页外，还要和中指迅速将翻过来的页夹住，以便拇指继续往下翻。

2）一次一页翻来回打法

一次一页翻来回打法是将一页数字从左到右拨入算盘，翻到第二页时，则将数从右到左拨入算盘，这样，依次往返的计算方法就叫一次一页翻来回打法。

这种打法的优点是：运算时手不空回，从右到左拨加时，不必考虑末位定位问题，运算速度相对来说较快，但初学时，看数字从右到左不习惯，容易出现错档、错数现象。但只要多做看数练习，运算时运用提前进位的方法，困难是可以克服的。

3）一次双页翻打法

在传票运算时，一次翻起传票的两页，并且把两页的同行数码用心算相加后一次拨入算盘的方法叫一次双页翻打法。

一次双页翻打法的做法是：将左手小指、无名指放在传票封面的左下方，中指、食指和拇指放在每题的起始页。如计算"5～24页（二）"，先用拇指迅速翻起始页，然后用中指和食指夹住，拇指再迅速翻起下页，翻的高度以能看清两页的数字为准。用心算算出两页第二行数字之和一次拨入算盘，当和数的最后两个数码即将拨入算盘时，便将此两页掀起夹在中指和无名指之间。拇指迅速翻起下两页继续计算，这样重复翻页、计算直至本题完毕。为了不多翻页或少翻页，每掀动一次页（即把计算完毕的页掀过去），默数一个数（第一次翻页默数1，下一次翻过两页默数2，以此类推），这样，当默数到9时，正在计算的两页即为此题的终页，就不再往下翻了，此时应做好计算下一题的找页准备。

一次双页翻打法必须具有扎实的基本功。首先要有心算的基础，两行数相加一看即准，同时要做到翻页、看数、拨珠和抄写答案等动作协调连贯，前后找页、翻页动作要衔接紧凑，中间不能停顿。拨珠时动作要规范，不错档、错位，要形成条件反射。

以上为"限时不限量"传票算，所谓"限时不限量"，就是在规定时间内不限数量，以准确完成数量来确定优胜。另外还有"限量不限时"的百张传票算。所谓"限量不限时"，就是规定题量而不限时间，计算题目的难易程度不同，选手完成全部计算题目，依据准确完成题目的数量和计算时间来评分，确定优胜。

不管采用哪种形式进行传票算，都需要翻页并边看数边拨珠运算，只有做到眼、脑、手紧密配合，不停顿地持续下去，才能提高运算效率。

● 5.2 账表算法

账表算的题型类似会计报表中的"资金平衡试算表"和多栏式的明细账。因此账表算具有广泛的使用价值。

5.2.1 账表算的题型和格式

账表由5列、20行数码组成。纵向5个算题、横向20个算题，要求纵横轧平、结算出总计数。

账表中各行数字最少4位、最多8位。纵向每题120个数码，由4位至8位各4笔数组成；横向每题30个数码，由4位至8位各一笔数组成，均为整数。数码要求0~9均衡出现。

每张账表都有四个减号，纵向第四题、第五题各有两个，横向分别在四个题中，每题各有一个减号。每个带有减号的题的结果都为正值，不设得数为负数的题。账表算题型见表5-1。

表5-1 账表算题型示例

题号	（一）	（二）	（三）	（四）	（五）	合计
1	93,681,548	5,846	96,074	958,636	139,346	
2	6,520,731	74,768,241	5,602	85,521	936,804	
3	698,034	4,062,394	83,106,527	3,663	65,341	
4	54,732	120,659	4,329,184	78,052,387	8,649	
5	4,762	69,532	930,258	3,241,751	81,084,610	
6	8,049,796	8,546	83,492	−467,605	7,938,976	
7	19,514,352	38,159,325	1,785	50,319	−501,432	
8	79,452	7,890,261	76,819,527	9,426	921,625	
9	687,025	836,405	6,031,791	58,102,094	7,292	
10	5,614	35,254	769,014	9,085,172	56,843,168	
11	87,416,275	4,135	41,306	−297,840	9,046,853	
12	3,539,647	76,297,856	5,183	71,502	537,618	
13	215,035	6,534,218	92,384,726	8,973	81,964	
14	382,356	835,380	9,503,412	85,306,729	8,542	
15	8,946	52,462	873,613	6,859,432	85,130,129	
16	43,271,294	8,531	754,526	760,731	4,508,764	
17	942,356	98,065,432	8,736	52,043	637,026	
18	17,208	5,230,816	70,146,517	6,175	−40,584	
19	24,093	794,486	362,759	91,824,637	7,306	
20	5,718	17,625	358,402	8,231,054	70,652,453	
合计						

5.2.2　账表算的计算和轧平

账表算每表计 200 分（纵向 5 题，每题 14 分，计 70 分；横向 20 题，每题 4 分，计 80 分；纵横轧平总数正确，再加 50 分），同时还规定，前表未计算完，后表不计分。

什么叫轧平？轧平就是纵向 5 题得数相加的总和与横向 20 题得数相加的总和相等，并把它填写在表最右下角的空格内，这张表就算轧平了。除纵向、横向每题所得分的总和 150 分外，另加 50 分。所以，全表为 200 分。从这点看，准确是账表算的关键。

账表算，一般都从纵向 5 题做起。做完纵向 5 题，再做横向 20 题，最后把纵向 5 题的答数相加作为轧平数填写在表最右下角的空格里，这张表就算做完了。为了节省时间，20 个横行答数一般都不再累加计算。接着再做第二张表。但做完的这张表是否真的轧平了呢？那就要看计算者每个加法是否都对。其中不管纵向、横向，只要有一题不对，这张表就算没有轧平。所以必须练就扎实的基本功，使计算盘准。

要检查计算完毕的表是否轧平，就得将 20 个横向的答数加总，看是否与纵向加总的和相同。若不相同，就是没有轧平。初练时，对没有轧平的表应该查找出错的原因，以便吸取教训。

5.2.3　账表算的查错

账表算和加减一样，出现差错的原因一般有下面几种：

（1）拨珠不实，是指由于拨珠不稳、带珠等情况出现漂珠，造成差错。如 5-3，双上时，应拨上两颗下珠而误拨了三颗；又如 3+2，上、下珠齐下时，应拨去三颗下珠而误拨去两颗。

（2）看表出现差错，如漏看、重看、颠倒看、看错符号、看串行、看串档等。

（3）抄写答数出现差错，如将盘上数字 6 抄成 2，或将 5 抄成 6，或少抄、重抄、串行、串档和数位颠倒等。

查找差错的方法是：将纵向、横向的合计数再重算一遍，找出两个得数不相等的原因。如果差尾数或末尾两、三位数，可将尾数或末尾两、三位数重算一次。如果还查不到，则从五个纵向题找。如果差数能被 9 整除，说明差错可能是由于错位或错档造成的，或者是由于相邻两位数颠倒位置造成，从这些方面去找原因。若不能被 9 整除，就用 2 除，若用 2 能除尽，说明可能将应减的数当成应加的数了，或应加的数当成应减的数了。若将减做成了加，肯定是有减号的行或列算错了。可先查横行，再查纵列。

查错除了更正轧平数据外，更重要的是总结经验和教训，以免再犯错。所以，初练时，没有轧平的就要找原因，以便提高账表算的准确性。

第二部分
数字录入技术

第6章

数字键盘录入

[学习要点和难点]

学习要点：数字键盘的结构、手指分工、看数方法。

学习难点：看数、盲打。

● 6.1 数字键盘结构及手指分工

数字键盘分为主键盘数字键盘和小键盘。主键盘上的数字键用双手击键，小键盘用右手单手击键。

主键盘数字键盘位于键盘上方，中基准键为4、7，左手食指负责4、5两键，小指、无名指、中指分别负责1、2、3三键；右手食指负责6、7两键，小指、无名指、中指分别负责0、9、8三键。

小键盘位于键盘的最右边，基准键为4、5、6。适合于对大量的数字进行输入的用户，其操作简单，只用右手便可完成相应的操作。其指法分工如图6-1所示。

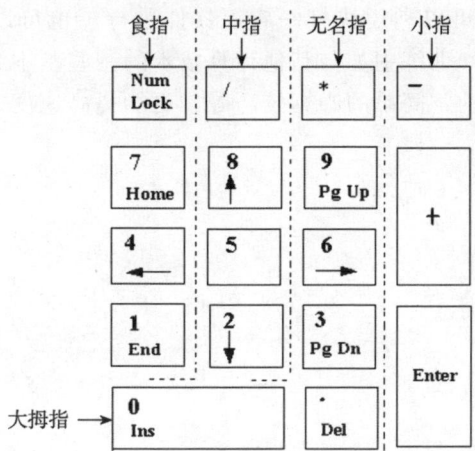

图6-1

● 6.2 数字键盘录入基本方法

6.2.1 操盘基本姿势

数字录入时，身要正，腰要直，双肩自然放松，两脚自然分开，右手手指轻放在基准键上。录入时，精力要高度集中，眼睛只看题目，不看键盘。

6.2.2 看数方法

因为录入大量数字，所以数字的键入和珠算的数字置入有相同之处，要分段看数，按分节号看数，而不能一字一字看数，这样能更准确、迅速地完成数字录入。

6.2.3 击键方法

击键前，将手轻放于基准键位上。

击键时，手指略微抬起并保持弯曲，以指腹快速击键，而不要以指尖击键，要用手指"敲"键位，而不是用力按。

敲击键盘时，只有击键手指做动作，其他手指放在基准键位保持不动。

手指击键要轻，瞬间发力，提起要快，击键完毕手指要立刻回到基准键位上，准备下一次击键。击键时，要有节奏感。

6.2.4 盲打

所谓盲打，就是进行数字录入时，眼睛只看需要录入的材料，偶尔看下电脑屏幕，基本不看数字键盘。

要做到盲打，首先要求记住键盘结构，其次手指要严格分工，每次击键完毕，手指要立刻回到基准键位上，最后，击键时要保持一定的节奏。

● 6.3 实践训练

键盘数字的练习，可以利用快打一族等软件进行，也可以结合珠算实践训练题目、传票、账表等进行。训练中如与其他计算技术的一些基本方法有效结合起来，如看数、指法、传票的翻动、简单的心算技巧等，更能提高速度，取得好效果。

第三部分
简单心算技术

第7章

简单心算

[学习要点和难点]

学习要点：加减法和乘法的心算与珠算的结合运算。

学习难点：珠算、心算结合中本位积与进位积的规律。

● 7.1　加减心算与珠算的结合

心算与珠算的结合是提高运算速度的重要步骤，在全国各级珠算比赛中，绝大多数选手采用此法。心算与珠算的结合运算，有两行合并、三行合并、五行合并及多行合并计算，在方法上有纯心算后再拨珠、弃九法和凑十法等。

7.1.1　心算基础训练

心算与珠算结合加减运算，必须先用心算求出两个数，或者若干个数之和或之差，然后再拨珠完成整个运算。心算不是完全依靠脑的功能，算得快、算得准是有窍门的。

1）两行合并相加

两行合并相加比较容易，最大的数也不过18，所以一般不主张运用该种方法，在此也不多作介绍。

2）三行合并相加

三行合并相加是目前运用最普遍的，也是初学者能在短期内学好并进行运算的方法，在此着重介绍纯心算的心算规律。

（1）相同数

三个数字相同时，可以利用"乘法是加法的简捷算法的原理"将加法变成乘法。比如，三个7相加，就可以变成7×3，同理，若是三个9相加，就可以变成9×3。

（2）连续数

三个数字相加，如属自然数连续排列，可以取中间的数乘以3来求和。例如3+4+

5=4×3=12，但是在实际运算中，不会有这样自然的排列，可能是5+4+3或4+3+5等，这就要求能迅速判断出加数是否是连续数。

连续数也可能是隔位连续数。例如2+4+6、1+3+5、1+5+9，其运算还是取中间数乘以3。

（3）类似相同数

两个相同数字，只是一个数差1，这有两种情况：一种是两数大于一数，可以将两数中的其中一个数乘以3，然后减1，例如6+6+5=6×3−1=17；另一种是两数小于一数，可以将两数中的其中一个数乘以3，然后加1，例如6+6+7=6×3+1=19。

（4）凑十法

三个数字相加，先看其中有没有能够凑成10的数，如果有就先将这两个数字凑成10，然后加上另一个数，例如4+3+6先将4和6凑成10，再加上3得13。

（5）拆并法

三个数字相加，其中两个数字相加超过10，它的零数有时可以与另外的数凑成10，这时，可采用拆并法。例如4+7+9，可将4拆成3与1，分别同7和9相加，各得10，总数为20。

（6）并双法

三个数相加，其中两数是另一个数的一半，可以将这两个数相加再乘以2，例如3+3+6，可看成3+3=6，再6×2=12。

以上运算规律，只是为大家比较快地算出题目提供思路上的指导，待运算熟练以后自然会抛弃这些，形成条件反射，达到见数出结果的效果。

3）五行合并相加

五行合并相加，与三行合并相加差不多，只是由于数字增多，难度更大，这里不再叙述。

7.1.2 心算与珠算结合

上面只介绍了纯粹的心算法，还没有将心算与珠算结合起来，下面将分别介绍连加法、连减法及加减混合情况下心算与珠算结合的运算。

1）连加法的运算

先采用心算操作，然后进行运算。

【例7-1】

```
    678
    737
    857
  2,272
```

先采用心算，从左往右竖着看数，第一列是连续数，得21，第二列是互补数，得15，第三列是类似相同数，得22，最后加总得2,272。

2）连减法的运算

减法是加法的逆运算，在连减法中，将减法化为加法进行心算与珠算的结合运算，可以提高运算速度。

【例 7-2】

　　　-893
　　　-236
　　　-663
　-1,792

先将减法看成加法心算，第一列是互补数，得 16，第二列是隔位连续数，得 18，第三列是并双法，得 12，最后加总得 1,792，计算过程中将这些数减去。

3）加减混合的运算

加减混合在日常计算中占有一定的比例，而且难度较大，将珠算与心算结合起来运算，就可以加快计算速度，在运算中一般采用抵消法。

【例 7-3】

　　 947
　　-748
　　 389
　　 588

加减混合先将接近的数抵消，第一列 9 与 -7 相抵再加 3 得 5，第二列 4 与 -4 相抵再加 8 得 8，第三列 -8 与 9 相抵再加 7 得 8，最后加总得 588。

总之，在进行心算与珠算结合运算时，必须先分开练习，当两者均练习达到一定水准后，才能将两者结合起来运用。

● 7.2　心算乘法

心算乘法如同珠算的空盘前乘法，是从高位起乘，逐位相乘求积，同位相加，满十进位。心算乘法速度的快慢，关键在于一位乘法求积运算的快慢。因此，在熟练掌握心算加法的前提下，运用大九九口诀，从高位算起，心算口念一致，即可求出积。乘积的定位一般采用公式定位法。

7.2.1　心算乘法的一些主要方法

1）折半法

当乘数为 5、25、125、625 等数时，可利用半数的道理对被乘数进行折半计算。

（1）乘数为 5

因为 5 为 10 的 1/2，即 5=1/2×10，所以可将被乘数折半后再扩大 10 倍，即得出乘积。

【例 7-4】6,738×5=33,690

6,738 折半为 3,369，再扩大 10 倍为 33,690。

（2）乘数为 25

因为 25 为 100 的 1/4，即 25=1/4×100，所以可将被乘数折半后再折半，然后扩大 100 倍，即得出乘积。

【例7-5】8,269×25=206,725

8,269折半为4,134.5,4,134.5再折半为2,067.25,扩大100倍为206,725。

（3）乘数为125

因为125为1,000的1/8，即125=1/8×1,000，所以可以将被乘数折半、折半、再折半，然后扩大1,000倍，即得出乘积。

（4）乘数为625

因为625是10,000的1/16，即625=1/16×10,000，所以将被乘数折半四次，再扩大10,000倍，再用公式定位法得出乘积。

2）首一法

两个两位数相乘，若首位均为1，则一个因数加另一个因数的末位数乘以10，再加上两个末位数之积，就得出两因数的乘积。

【例7-6】13×14=182

（13+4）×10=170；3×4=12；170+12=182。

3）首九法

两个两位数相乘，若首数均为9，则一个因数减去另一个因数的补数为乘积的前两位，两因数的补数之积作为乘积的后两位，两因数的补数之积小于10，则用0补足十位数。

【例7-7】93×96=8,928

96的补数为4,93的补数为7,93-4=89为积的前两位，4×7=28为积的后两位，所以乘积为8,928。

这种方法也可延伸到三位以上的因数相乘。

【例7-8】936×982=919,152

936的补数为64,982的补数为18，则936-18=918,64×18=1,152；918加1为积的前三位，152为积的后三位，则积为919,152。

4）首同尾补法

两个两位数相乘时，若被乘数与乘数的首位相同，而末位数字互补，则首位数与首位数加1之积作为积的前两位，末位之积为积的后两位，末位之积小于10，则以0补足十位数。

【例7-9】87×83=7,221

8×（8＋1）=8×9=72，作为积的前两位，3×7=21作为积的后两位，因此乘积为7,221。

【例7-10】61×69=4,209

6×（6＋1）=42作为积的前两位，1×9=09，作为积的后两位，则乘积为4,209。

5）尾同首补法

两个两位数相乘，末位相同，首位互补，则末位之积为乘积的后两位，若两者之积小于10则以0补足十位数，首位之积加末位作为积的前两位。

【例7-11】49×69=3,381

4×6＋9=33为积的前两位；9×9=81为积的后两位；则乘积为3,381。

6) 凑整法

当一个因数接近于10或其他整数时，则可以通过凑成10或其他整数后再相乘，以达到简化计算过程的目的。

【例7-12】 724×98=70,952

$$724×98=724×（100-2）$$
$$=724×100-724×2$$
$$=72,400-1,448$$
$$=70,952$$

【例7-13】 486×598=290,628

$$486×（600-2）=486×600-486×2$$
$$=291,600-972$$
$$=290,628$$

7) 分解法

乘法的计算，有的分解后可以凑成100或1,000等，较容易计算。

【例7-14】 25×28=25×4×7=700

【例7-15】 125×48=125×8×6=6,000

乘法的计算，有的分解后虽不能凑成100或1,000等，但可以分解成一位数，也较容易计算。

【例7-16】 45×18=45×2×9=90×9=810

【例7-17】 35×16=35×2×8=70×8=560

7.2.2 珠算心算结合乘法

珠算心算结合乘法是根据数字之间的内在联系，结合珠算与心算的优点总结出来的一套提高运算速度的计算方法。此种方法遵循"提前进位，本位积加进位积"的规律，改变了传统的计算方法，一次即可得出多位数乘以一位数的结果。

1) 本位积规律（见表7-1）

表7-1　　　　　　　　　　　　　　　本位积规律

乘数 ＼ 被乘数 （本位积）	0	1	2	3	4	5	6	7	8	9
2	0	2	4	6	8	0	2	4	6	8
3	0	3	6	9	2	5	8	1	4	7
4	0	4	8	2	6	0	4	8	2	6
5	0	5	0	5	0	5	0	5	0	5
6	0	6	2	8	4	0	6	2	8	4
7	0	7	4	1	8	5	2	9	6	3
8	0	8	6	4	2	0	8	6	4	2
9	0	9	8	7	6	5	4	3	2	1

2）进位积规律（见表7-2）

表7-2 进位积规律

乘数	进 位 积 规 律	备 注
2	满5进1	被乘数为5以上
3	超3进1，超6进2	被乘数超过3或超过6
4	满25进1，满5进2，满75进3	
5	满2进1，满4进2，满6进3，满8进4	
6	超16进1，超3进2，满5进3，超6进4，超83进5	
7	超142进1，超285进2，超428进3，超571进4，超714进5，超857进6	
8	满125进1，满25进2，满375进3，满5进4，满625进5，满75进6，满875进7	
9	超循环几进几,即超n进n	

【例7-18】436×2=872

说明：　0　4　3　6

$$\times \qquad\qquad 2$$

$$8\ 7\ 2$$

心算过程：

被乘数前先补0，看成0436。

①本位积为0，看后不满5，不进1；则本位积为0；

②算4，本位积8，看后不满5，不进1，相加后是8；

③算3，本位积6，看后满5，后进1，相加后是7；

④算6，本位积是2，即积的末位，所以最后乘积为872。

【例7-19】36,748×3=110,244

本例题乘数为3,3的进位规律（口诀）是"超3进1，超6进2"，在进位时应该注意：3和6是循环数。所以它是否进位就要看"超"与"不超"，但必须把3或6的循环部分看完，一直看到出现"左右数"时，才能决定后进数。左右数大于循环数为超，小于则为不超。如3,334为超3；67为超6；66,665为不超6，应按超3算；33,333按不超算。

说明：　0　3　6　7　4　8

$$\times \qquad\qquad\qquad\qquad 3$$

$$1\ 1\ 0\ 2\ 4\ 4$$

心算过程：

被乘数前先补0，看成036,748。

①本位积0，看后36超3，后进1，则本位积为1；

②算3，本位积9，看后67超6，后进2，相加后为1；

③算6，本位积8，看后7超6，后进2，相加后为0；

④算7，本位积1，看后4超3，后进1，相加后为2；

⑤算4，本位积2，看后8超6，后进2，相加后为4；

⑥算8，本位积4，即积的末位，所以最后乘积为110,244。

【例7-20】3,675×4=14,700

从表7-1、表7-2可以看出，凡是偶数与4相乘时，其本位积正好是它的补数；凡奇数与4相乘，其本位积正好是这个奇数的凑数。因此，4的本位积规律（口诀），可以概括为"偶补奇凑"；4的进位积规律（口诀）是"满25进1，满5进2，满75进3"。

说明：
```
  0  3  6  7  5
×           4
  1  4  7  0  0
```

心算过程：

被乘数前先补0，看成03675。

①本位积0，看后36满25，后进1；相加后为1；

②算3，本位积2，看后6满5，后进2，相加后为4；

③算6，本位积4，看后75满75，后进3，相加后为7；

④算7，本位积8，看后5满5，加后进2为10，取个位数0；

⑤算5，本位积0，即积的末位，所以最后乘积为14,700。

【例7-21】8,436×5=42,180

本例题中，乘数是5，根据表7-1和表7-2，可以发现：凡是奇数与5相乘，乘积的本位积都是5；凡是偶数与5相乘，乘积的本位积都是0。就是说，"遇偶为0，遇奇为5"。

因为0、1与5相乘，都无进位数；2、3与5相乘，进位1；4、5与5相乘，进位2；6、7与5相乘，进位3；8、9与5相乘，进位4，所以5的进位积规律（口诀）是："满2进1，满4进2，满6进3，满8进4"。

说明：
```
  0  8  4  3  6
×           5
  4  2  1  8  0
```

心算过程：

被乘数前先补0，看成08436。

①本位积0，看后8满8，后进4；相加后为4；

②算8，本位积0，看后4满4，加后进2为2；

③算4，本位积0，看后3满2，加后进1为1；

④算3，本位积5，看后6满6，加后进3为8；

⑤算6，本位积0，即积的末位，所以最后乘积为42,180。

【例7-22】984,523×6=5,907,138

乘数为6时，根据表7-1和表7-2可以发现，偶数的本位积，就是它的本身；奇数的本位积，则是它本身加5。如2的本位积还是2，3的本位积是8（即3＋5），所以6的本位积规律（口诀）是"偶自身，奇加（减）5"。在进位时如遇到3或6循环数时，其计算方法与乘数为3时的道理相同。

说明：
```
0  9  8  4  5  2  3
×              6
5  9  0  7  1  3  8
```

心算过程：

被乘数前先补0，看成0,984,523。

①本位积0，看后98超83，加后进5为5；

②算9，减5本位积4，看后84超83，加后进5为9；

③算8，本位积8，看后4超3，加后进2为10，取个位数0；

④算4，本位积4，看后5满5，加后进3为7；

⑤算5，本位积0，看后2超16，加后进1为1；

⑥算2，本位积2，看后3超16，加后进1为3；

⑦算3，本位积8，即积的末位，所以最后乘积为5,907,138。

【例7-23】5,326×7=37,282

当乘数为7时，根据表7-1和表7-2可以发现，偶数的本位积就是自身相加之和；奇数的本位积就是它自身相加之后再加5。所以，7的本位积规律（口诀）是"偶加自身，奇加自身再加5"。7的进位积口诀有6句：

超142进1；

超285进2；

超428进3；

超571进4；

超714进5；

超857进6。

说明：
```
0  5  3  2  6
×        7
3  7  2  8  2
```

心算过程：

被乘数前先补0，看成05326。

①本位积0，看后5，加后进3为3；

②算5，本位积5，看后3，加后进2为7；

③算3，本位积1，看后2，加后进1为2；

④算2，本位积4，看后6，加后进4为8；

⑤算6，末位积2，所以最后乘积为37,282。

【例 7-24】 7,369×8=58,952

当乘数为8时，根据表7-1和表7-2可以发现，乘积左右都是8,642，中间夹0。可以看出，各数乘积的"本位积"是它本身二倍的补数。例如1、2、3、4，它们与8的乘积本位积就是它本身的二倍数（2、4、6、8）的补数（8、6、4、2）；6、7、8、9，它们与8的乘积的本位积则是它本身的补数（4、3、2、1）的2倍数（8、6、4、2）；5的二倍数（10）的补数仍然是0,5的补数（5）的二倍数还是0,5的本位积是0。所以8的本位积规律（口诀）是"本身倍补"。进位积规律是"满125进1，满25进2，满375进3，满5进4，满625进5，满75进6，满875进7"。

说明：
```
  0 7 3 6 9
×         8
  5 8 9 5 2
```

心算过程：

被乘数前先补0，看成07369。

①本位积0，看后73满625，加后进5为5；

②算7，本位积6，看后36满25，加后进2为8；

③算3，本位积4，看后69满625，加后进5为9；

④算6，本位积8，看后9满875，加后进7为15，取个位数5；

⑤算9，末位数2，所以最后乘积为58,952。

【例 7-25】 546×9=4,914

当乘数为9时，每个数与9相乘的本位积，正好是它本身的"补数"。所以9的本位积规律（口诀）为"9全补"。

9的进位积规律，可用一句口诀："超循环几进几"，即超1进1，超2进2，超3进3，超4进4，超5进5，超6进6，超7进7，超8进8。

说明：
```
  0 5 4 6
×       9
  4 9 1 4
```

心算过程：

被乘数前先补0，看成0546。

①本位积0，看后5，加后进4为4；

②算5，本位积5，看后4，加后进4为9；

③算4，本位积6，看后6，加后进5为11，取个位数1；

④算6，末位数4，最后得数为4,914。

● 7.3　心算除法

心算除法比心算加减法、乘法难度大，应用范围也较小，但是作为一种计算方法，掌握它，对于提高珠算除法水平是有帮助的。下面针对数字的特点，介绍一些心算方法。商的定位法与珠算定位法相同，但通常使用公式定位法。

7.3.1 以乘代除法

当除数为5、25、125、625时，可分别用2、4、8、16同被除数相乘来代替除算，再经定位得出商数。

【例7-26】$68 \div 5 = 13.6$

$68 \times 2 = 136$，经定位得商数为13.6。

【例7-27】$746 \div 25 = 29.84$

$746 \times 4 = 2,984$，经定位得29.84。

【例7-28】$8,476 \div 125 = 67.808$。

$8,476 \times 8 = 67,808$，经定位得67.808。

【例7-29】$958 \div 625 = 1.5328$

$958 \times 16 = 15,328$，经定位得1.5328。

7.3.2 折半法

当除数的有效数字是2的乘方数时，如2、4、8、16…则可将除数折半一次、二次、三次、四次……再通过定位得出商数。

【例7-30】$482 \div 2 = 241$

将482折半一次得商数为241。

【例7-31】$896 \div 4 = 224$

将896折半一次为448,448再折半一次为224。

7.3.3 扩倍法

当除数在50以内、末位数又是5时，可将被除数和除数乘以2，即双方均扩大一倍，使除数变成只有一位有效数字后再除，商数不变，但计算简化了。

【例7-32】$45 \div 1.5 = 30$

被除数和除数同时扩大20倍，变为900和30。

$900 \div 30 = 30$

● 7.4　实践训练

1）心算加减法练习

372	843	972	863	795	487	325	167
859	676	248	-451	451	-275	537	323
265	-382	534	996	867	843	745	868

2）心算乘法练习之一

$687 \times 5 =$	$326 \times 5 =$	$439 \times 5 =$	$638 \times 5 =$	$498 \times 5 =$
$632 \times 25 =$	$408 \times 25 =$	$6128 \times 25 =$	$982 \times 25 =$	$792 \times 25 =$

942×125=　　384×125=　　486×125=　　348×125=　　862×125=
618×625=　　381×625=　　826×625=　　724×625=　　426×625=

3）心算乘法练习之二
18×19=　　16×13=　　12×17=　　13×15=　　14×16=
17×16=　　15×18=　　13×19=　　18×16=　　16×18=

4）心算乘法练习之三
92×93=　　93×94=　　94×95=　　95×96=　　96×97=
98×92=　　97×93=　　96×93=　　95×94=　　94×95=

5）心算乘法练习之四
54×56=　　48×42=　　38×32=　　84×86=　　27×23=
64×66=　　76×74=　　47×43=　　68×62=　　57×53=

6）心算乘法练习之五
38×78=　　62×42=　　73×33=　　84×24=　　26×86=
42×62=　　93×13=　　48×68=　　37×77=　　65×45=

7）心算乘法练习之六
634×96=　　263×99=　　917×98=　　689×97=　　356×98=
564×998=　　689×996=　　641×999=　　484×997=　　783×998=

8）心算乘法练习之七
25×36=　　125×32=　　625×24=　　25×48=　　125×56=
45×14=　　65×18=　　75×16=　　35×12=　　85×18=

9）心算除法练习之一
678÷5=　　980÷25=　　1,800÷25=　　865÷25=　　645÷25=
4,000÷125=　　1,125÷125=　　8,500÷125=　　15,000÷625=　　51,250÷625=

10）心算除法练习之二
436÷2=　　832÷4=　　966÷6=　　824÷8=　　648÷8=
682÷2=　　928÷4=　　648÷6=　　928÷8=　　736÷8=

11）心算除法练习之三
81÷15=　　95÷25=　　91÷35=　　819÷45=　　220÷55=
69÷15=　　85÷25=　　763÷35=　　927÷45=　　330÷55=

第四部分
点钞技术

第 8 章

点钞技术

[学习要点和难点]

学习要点：点钞的基本方法。

学习难点：真假币的防伪技术及真假币的识别。

● 8.1 点钞的基本知识

8.1.1 点钞的基本要求

在人民币的收付和整点中，要对混乱不齐、折损不一的钞票进行整理，使之整齐美观。其口诀为"平铺整齐，边角无折。同券一起，不能混淆。券面同向，不能颠倒。查验真伪，去伪存真。剔除残币，完残分放。百张一把，十把一捆。扎把捆牢，经办盖章。清点结账，复核入库"。具体要求是：

1）坐姿端正

点钞的坐姿会直接影响点钞技术的发挥和提高。正确的坐姿应该是直腰挺胸，身体自然，肌肉放松，双肘自然放在桌上，持票的左手腕部接触桌面，右手腕部稍抬起，整点货币轻松持久，活动自如。操作定型，用品定位，点钞时使用的印泥、图章、水盒、腰条纸等要按使用顺序固定位置放好，以便点钞时顺手取用。

2）点数准确

点钞技术最关键的是一个"准"字，清点和记数的准确是点钞的基本要求。要想点数准确：一要精神集中；二要定型操作；三要手点、脑记，手、眼、脑紧密配合。

3）钞票墩齐

钞票点好后必须墩齐（四条边水平，不露头，卷角要拉平）才能扎把。扎小把，以提起把中第一张钞票不被抽出为准。按"#"字形捆扎的大捆，以用力推不变形、抽不出票把为准。

4）盖章清晰

腰条上的名章，是分清责任的标志，每个人整点后都要盖章，图章要清晰可辨。

5）动作连贯

动作连贯是保证点钞质量和提高效率的必要条件，点钞过程的各个环节（拆把、清点、墩齐、扎把、盖章）必须密切配合，环环相扣。清点中双手动作要协调，速度要均匀，要注意减少不必要的小动作。

8.1.2 点钞的基本要领

出纳人员在办理现金的收付与整点时，要做到准、快、好。"准"，就是钞票清点不错不乱，准确无误。"快"，是指在"准"的前提下，加快点钞速度，提高工作效率。"好"，就是清点的钞票要符合"五好钱捆"的要求。"准"是做好现金收付和整点工作的基础和前提，"快"和"好"是银行加速货币流通、提高服务质量的必要条件。

学习点钞，首先要掌握基本要领。基本要领对于任何一种点钞方法都适用。点钞基本要求大致可概括为以下几点：

1）肌肉要放松

点钞时，双手及肘部的肌肉要放松。肌肉放松，能够使双手活动自如，动作协调，并减轻劳动强度；否则，会使手指僵硬，动作不准确，既影响点钞速度又消耗体力。正确的姿势是，肌肉放松，双肘自然放在桌面上，持票的左手手腕接触桌面，右手手腕稍抬起。

2）钞票要墩齐

需清点的钞票必须清理整齐、平直。这是点准钞票的前提，钞票不齐不易点准。对折角、弯折、揉搓过的钞票要将其弄直、抹平，对有明显破裂、质软的钞票要先挑出来。清理好后，将钞票放在桌面上墩齐。

3）开扇要均匀

钞票清点前，都要将票面打开成扇形，使钞票间有一定间隔，便于捻动。开扇均匀是指每张钞票的间隔距离必须一致，以便在捻钞过程中不易夹张。因此，扇面开得是否均匀，决定着点钞是否准确。

4）手指触面要小

手工点钞时，捻钞的手指与钞票的接触面要小。如果手指接触面大，手指往返动作的幅度随之增大，从而使手指频率减慢，影响点钞速度。

5）动作要连贯

点钞时各个动作之间相互连贯是加快点钞速度的必要条件之一。动作要连贯包括两方面的要求：一是指点钞过程的各个环节必须紧密衔接，环环相扣。如点完100张钞票并墩齐后，左手持票，右手取腰条纸，然后左手的钞票紧跟上去，迅速扎好小把；在右手放票的同时，左手取另一把钞票准备清点，而右手顺手沾水继续清点等，这样使扎把、持票、清点各环节紧密地衔接起来。二是指清点时的各个动作要连贯，即第一组动作和第二组动作之间，要尽量缩短或不留空隙，当第一组的最后一个动作即将完成时，第二组动作即接续上。比如用手持式四指拨动点钞法清点，当第一组的食指捻下第四张钞票时，第二组动作的小指要迅速跟上，不留空隙。这就要求在清点时双手动作要协调，清点动作要均匀，切忌忽快忽慢、忽多忽少。另外在清点中尽量减少不必要的小动作、假动作，以免影响动作的连贯性和点钞的速度。

6）点数要协调

点和数是点钞过程的两个重要方面，这两个方面要相互配合，协调一致。点的速度快、记数跟不上，或者点的速度慢、记数过快，都会造成点钞不准确，甚至造成差错，所以点和数二者必须一致，这是点准的前提条件之一。为了使两者紧密结合，记数通常采用分组法。单指单张以十为一组记数，多指多张以清点的张数为一组记数，使点和数的速度能基本吻合。同时记数通常要用脑子记，尽量避免用口数。

8.1.3　点钞的基本方法

点钞方法有很多种，概而言之主要有手工点钞和机器点钞两种。一般企事业单位使用的主要还是手工点钞方法；银行临柜清点多为手工和机器点钞相结合。常见的手工点钞方法有：手持式单指单张点钞法、手持式单指多张点钞法、手持式四指拨动点钞法、手持式五指拨动点钞法、手按式单张点钞法、手按式双张点钞法等。其中手持式单指单张点钞法和手按式单张点钞法是比较常用的点钞方法。具体操作方法在下一节详细叙述。

8.1.4　点钞的操作流程

点钞是从拆把开始到扎把为止这样一个连续、完整的过程。它一般包括拆把持钞、清点、记数、墩齐、扎把、盖章等环节。要加快点钞速度，提高点钞水平，必须把各个环节的工作做好。

1）拆把持钞

成把清点时，首先需将腰条纸拆下。拆把时可将腰条纸脱去，保持其原状，也可将腰条纸用手指勾断。通常初点时采用脱去腰条纸的方法，以便复点时发现差错进行查找，复点时一般将腰条纸勾断。

持钞速度的快慢、姿势是否正确，也会影响点钞速度。要注意每一种点钞方法的持钞方法。

2）清点

清点是点钞的关键环节。清点的速度、清点的准确性直接关系到点钞的速度与准确性。因此，要勤学苦练清点基本功，做到清点既快又准。

在清点过程中，还需将损伤券、变造和伪造币按规定标准剔出，以保持流通。对于辨认不清或存在疑问的票币，必须当场声明做出相应的处理。例如，若该把钞票中夹杂着其他版的钞票，应将其挑出。

在点钞过程中如发现差错，应将差错情况记录在原腰条纸上，并把原腰条纸放在钞票上面一起扎把，不得将其扔掉，以便事后查明原因，再作处理。

3）记数

记数也是点钞的基本环节，与清点相辅相成。在清点准确的基础上，必须做到记数准确。

4）墩齐

钞票清点完毕扎把前，先要将钞票墩齐，以便扎把时保持钞票外观整齐美观。钞票墩齐要求四条边水平，不露头或不呈梯形错开，卷角应拉平。墩齐时，双手松拢，先将钞票竖起来，双手将钞票捏成瓦形在桌面上墩齐，然后将钞票横立并将其捏成瓦形在桌面上墩齐。

5）扎把

每把钞票清点完成后，要扎好腰条纸。腰条纸要求扎在钞票的二分之一处，左右偏差不得超过两厘米。同时要求扎紧，以提起第一张钞票不被抽出为准。

6）盖章

盖章是点钞过程的最后一环，在腰条纸上加盖点钞员名章，表示对此把钞票的质量、数量负责，所以每个清点人员点钞后均要盖章，而且图章要盖得清晰，以看得清行号、姓名为准。

● 8.2 手工点钞的方法

8.2.1 手持式点钞法

手持式点钞法是将钞票拿在手上进行清点的点钞方法。手持式点钞法一般有手持式单指单张点钞、手持式单指多张点钞、手持式四指拨动点钞和手持式五指拨动点钞等多种方法。

1）手持式单指单张点钞法

手持式单指单张点钞法是一种适用面较广的点钞方法，可用于收款、付款和整点各种新旧大小钞票。这种点钞方法的优点是：持票人持票所占的票面较小，视线可及票的四分之三，容易发现假票，挑剔残破币也较方便。手持式单指单张点钞法的具体操作如下：

（1）拆把持钞

拆把的方法有两种。第一种方法是：持把时左手拇指在钞票正面的左端，约在票面的四分之一处，食指和中指在钞票背面与拇指一起捏住钞票，无名指和小指自然弯曲；捏起钞票后，无名指和小指伸向票前压住钞票的左下方，中指弯曲稍用力，与无名指和小指夹住钞票；食指伸直，拇指向上移动按住钞票的侧面将钞票压成瓦形，并使左手手心向下，然后用右手脱去钞票上的腰条纸。同时左手将钞票往桌面上轻轻擦，拇指借用桌面的擦力将钞票向上翻成微小票面。右手的拇指、食指、中指沾水做点钞准备。从上面可以看出，这种拆把方法不撕断腰条纸便于保留原纸条查看图章。这种拆把方法通常用于初点现金。

第二种方法是：钞票横执，正面朝着身体，用左手的中指和无名指夹住票面的左上角，拇指按住钞票上边沿处，食指伸直，中指稍用力，把钞票放在桌面上，并使左端翘起成瓦形，然后用左手食指向前伸勾断腰条纸并抬起食指使腰条纸自然落在桌面上，左手大拇指翻起钞票同时用力向外推使钞票成微小扇面，右手拇指、食指、中指沾水做好点钞准备。这种方法的特点是左右手可同时操作，拆把速度快，但腰条纸勾断后不能再使用。这种拆把方法通常用于复点现金。

拆把过程中的持钞方法除了上面介绍的以外，还可以用另外一种方法，即钞票横执，钞票的反面朝着身体。用左手中指和无名指夹住钞票的左端中间，食指和中指在前面，中指弯曲，食指伸直；无名指和小指放在钞票后面并自然弯曲。左手拇指在钞票下边沿后侧约占票面的三分之一处用力将钞票向上翻起呈瓦形，使钞票正面朝向身体，并用拇指捏住钞票里侧边缘向外推，食指协助拇指，使钞票打开呈微小扇形。

（2）清点

拆把后，左手持钞稍斜，正面对胸前，右手捻钞，捻钞从右上角开始。用右手拇指尖向下捻动钞票的右上角，拇指不要抬得太高，动作的幅度也不宜太大，以免影响速度；食指在钞票背面托住少量钞票配合拇指工作，随着钞票的捻出要向前移动，以及时托住另一部分钞票；无名指将捻下来的钞票往怀里方向弹，每捻下一张弹一次，要注意轻点快弹；中指翘起不要触及票面，以免妨碍无名指动作，在清点中拇指上的水用完可向中指沾一下便可点完100张。同时，左手食指也要配合动作，当右手将钞票下捻时，食指要随即向后移动，并用指尖向外推动钞票，以利于捻钞时下钞均匀。在这一环节中，要注意右手拇指捻钞时，主要负责将钞票捻开，下钞主要靠无名指弹拨。

（3）挑残破券

在清点过程中，如发现残破券应按剔旧标准将其挑出。为了不影响点钞速度，点钞时不要急于抽出残破券，只要用右手中指、无名指夹住残破券将其折向外边，待点完100张后再将残破券抽出补上完整券。

（4）记数

在清点钞票的同时要记数。由于单指单张每次只捻一张钞票，记数也必须一张一张地记，直至记到100张。从"1"到"100"的数中，绝大多数是两位数，记数速度往往跟不上捻钞速度，所以必须巧记。通常可采用分组记数法。分组记数有两种方法：一种方法是1、2、3、4、5、6、7、8、9、1；1、2、3、4、5、6、7、8、9、2……1、2、3、4、5、6、7、8、9、10。这样正好100张。这种方法是将100个数编成10个组，每个组都由10个一位数组成，前面9个数都表示张数，最后一个数既表示这一组的第10张，又表示这个组的组序号码即第几组。这样在点数时记数的频率和捻钞的速度能基本吻合。另一种方法是0、2、3、4、5、6、7、8、9、10；1、2、3、4、5、6、7、8、9、10……9、2、3、4、5、6、7、8、9、10。这种记数方法的原则与前一种相同，不同的是把组的号码放在每组数的前面。这两种记数方法既简捷迅速又省力好记，有利于准确记数。记数时要注意不要用嘴念出声来，要用心记，做到心、眼、手三者密切配合。

2）手持式单指多张点钞法

手持式单指多张点钞法是在手持式单指单张点钞法的基础上发展起来的。它适用于收款、付款和整点工作，各种钞票的清点都能使用这种方法。其优点是点钞效率高，记数简单省力。但是由于单指一次捻下几张钞票，除第一张外，后面几张看到的票面较少，不易发现残破券和假币。这种点钞法的操作除了清点和记数外，其他均与手持式单指单张点钞方法相同。

（1）清点

清点时右手拇指肚放在钞票的右上角，拇指尖略超过票面。如点双张，先用拇指肚捻下第1张，拇指尖捻下第2张；如点3张及3张以上时，同样先用拇指肚捻下第1张，然后依次捻下后面一张，用拇指尖捻下最后一张，要注意拇指均衡用力，捻的幅度也不要太大，食指、中指在钞票后面配合拇指捻动，无名指向怀里弹。为增大审视面，并保证左手切数准确，点数时眼睛要从左侧向右看，这样容易看清张数、残破券和假币。

（2）记数

由于一次捻下多张，应采用分组记数法，以每次点的张数为组记数。如果点3张，即以3张为组记数，每捻3张记一个数，33组余1张就是100张；如果点5张，即以5张为组记数，每捻5张记一个数，20组就是100张。

3）手持式四指拨动点钞法

手持式四指拨动点钞法也称四指四张点钞法或手持式四指扒点法。它适用于收款、付款和整点工作，是一种适用广泛、比较适合柜面收付款业务的点钞方法。它的优点是速度快、效率高。由于每指点一张，票面可视幅度较大，看得较为清楚，有利于识别假币和挑剔残损券。

（1）持钞

钞票横立，左手持钞。持钞时，手心朝胸前，手指向下，中指在票前，食指、无名指、小指在后，将钞票夹紧；以中指为轴心五指自然弯曲，中指第二关节顶住钞票，向外用力，小指、无名指、食指、拇指同时向手心方向用力，将钞票压成"U"形，"U"口朝里；这里要注意食指和拇指要从右上侧将钞票往内下方轻压，打开微扇；手腕向里转动90度，使钞票的凹面向左但略朝内，凸面朝外向右；中指和无名指夹住钞票，食指移到钞票外侧面，用指尖压住钞票，以防下滑，大拇指轻轻按住钞票外上侧，既防钞票下滑又要配合右手清点。最后，左手将钞票移至胸前约20厘米的位置，右手五指同时沾水，做好清点准备。具体动作如图8-1所示。

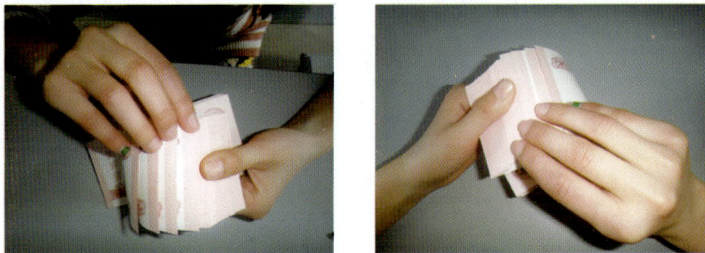

图8-1 手持式四指拨动点钞法示意图

（2）清点

两只手摆放要自然。一般左手持钞略低，右手手腕抬起高于左手。清点时，右手拇指轻轻托住内上角里侧的少量钞票；其余四指自然并拢，弯曲成弓形；食指在上，中指、无名指、小指依次略低，四个指尖呈一条斜线。然后从小指开始，四个指尖依次按顺序各捻下一张，四指共捻四张。接着以同样的方法清点，循环往复，点完 25 次即点完 100 张。用这种方法清点要注意这样几个方面：一是捻钞票时动作要连续，当食指捻下本次最后一张时，小指要紧紧跟上，每次之间不要停顿。二是捻钞的幅度要小，手指离票面不要过远，四个指头要一起动作，加快往返速度。三是四个指头与票面接触面要小，应用指尖接触票面进行捻动。四是右手拇指随着钞票的不断下捻向前移动，托住钞票，但不能离开钞票。五是在右手捻钞的同时左手要配合动作，每当右手捻下一次钞票，左手拇指就要推动一次，二指同时松开，使捻出的钞票自然下落，再按住未点的钞票，往复动作，使下钞顺畅自如。

（3）记数

采用分组记数法，以四指顺序捻下四张为一组，每捻四张记一个数，25 组即为 100 张。

（4）扎把和盖章

扎把和盖章的方法与手持式单指单张点钞法相同。采用手持式四指拨动法点钞，清点前不必先拆纸条，只要将捆扎钞票的腰条纸挪到钞票四分之一处就可以开始清点，发现问题可保持原状，便于追查。清点完毕后，初点不用勾断腰条纸，复点完时顺便将腰条纸勾断，重新扎把和盖章。

4）手持式五指拨动点钞法

手持式五指拨动点钞法适用于收款、付款和整点工作。它的优点是效率高、记数省力，可减轻劳动强度。这种方法要求五个手指依次动作，动作难度较大。

（1）持钞

钞票横立，用左手持钞。持钞时，左手小指、拇指放在票面前，其余三个手指放在票面后，拇指用力将钞票压成瓦形，用右手退下腰条纸。左手将钞票右边向右手拍打一下，并用右手顺势将钞票推起。左手变换各手指位置，即用无名指、小指夹住钞票左下端，中指和食指按在钞票外侧，食指在上，中指在下，拇指轻压在钞票外侧使钞票成瓦形。

（2）清点

右手五个指头沾水，从右角将钞票逐张向怀里方向拨动，以拇指开始，依次食指、中指、无名指直至小指收尾为止。每指拨一张，一次为五张。

（3）记数

采用分组记数，每五张为一组记一个数，记满 20 即为 100 张。五指拨动法一般是单向拨动，即右手始终是从拇指开始依次向怀里方向拨动，直至小指收尾为止。五指拨动法也可里外双向拨动，即先从拇指开始，食指、中指依次向怀里方向拨动，到无名指收尾为止，再从小指开始，依次无名指、中指向外方向拨动，直至食指收尾为止。这样来回拨动一次8张，点12个来回余4张即为100张。这钟点钞方法虽然难度较大，但速度快、效率高。

8.2.2　手按式点钞法

手按式点钞法是将钞票放在桌面上进行清点的点钞方法，是一种传统的点钞方法，在我国使用范围甚广。它适用于收付款和整点各种新旧、大小钞票。由于这种点钞方法逐张清点，看到的票面较大，便于挑剔残损券，特别适用于清点散把钞票和辅币及残破券多的钞票。手按式点钞法一般可分为单指单张点钞、双张点钞、三张和四张点钞，单指推动点钞，多指推动点钞、拨动点钞、手扳式点钞等多种方法。

1）手按式单指单张点钞法

（1）拆把

将钞票横放在桌面上，一般在点钞员正胸前。左手小指、无名指微弯按住钞票左上角，约占票面三分之一处，食指伸向腰条纸并将其勾断，拇指、食指和中指微微弯曲做好点钞准备。

（2）清点

右手拇指托起右下角的部分钞票，用右手食指捻动钞票，其余手指自然弯曲。右手食指每捻起一张，左手拇指便将钞票推送到左手食指与中指间夹住，这样就完成了一次点钞动作，以后依次连续操作。用这种方法清点时，应注意右手拇指托起的钞票不要太多，否则会使食指捻动困难；也不宜太少，太少会增加拇指活动次数，从而影响清点速度。一般一次以20张左右为宜。具体动作如图8-2所示。

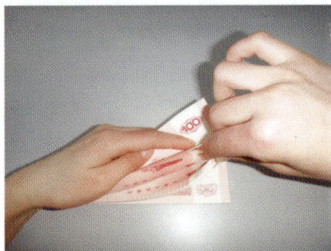

图8-2　手按式单指单张点钞法示意图

（3）记数

记数可采用双数记数法，数至50时即为100张，也可采用分组记数法，以10为一组记数。记数方法与手持式单指单张点钞法基本相同。

上述操作方法，左右手的拇指、中指、食指在清点过程中，每捻起一张都需要有动作，不仅影响速度，而且钞票容易滑动而松散，不易清点，手指也很累。因此，手按式单指单张点钞法还有另一种操作形式。

左手按票方式与前一种方法相同。右手自然摆放在桌面上，手腕微抬起。右手的小指、无名指按在右上角，小指压紧钞票，无名指稍松，中指微弯曲。清点时，右手拇指托起部分钞票，食指每捻起一张即由左手拇指切数并用拇指和食指夹住；捻动数张后，左手拇指即将钞票推送到食指和中指之间夹住。一般捻起5张或10张后左手拇指便推动一次。记数可用分组记数法，每 5 张或 10 张为一组，记满 20 组或 10 组即为 100 张。

用这种形式进行操作，减少了左手中指和食指活动的次数，手指不易劳累或发酸；右手小指和无名指按住钞票后，钞票也不易滑动；记数简单，如感到记数有误时，只需左手拇指放下没有记准的这一组重新清点，无需重新清点其余各组钞票，有利于提高工作效率。

2）手按式双张、三张、四张点钞法

手按式双张、三张、四张点钞法是在手按式单指单张点钞法基础上发展起来的点钞方法，因此它们点钞的基本方法与手按式单指单张点钞法基本相同，只是清点和记数略有不同。下面我们着重介绍它们的不同之处。

单指双张点钞时，左手的小指、无名指压在钞票的左上方约占票面的四分之一处；右手拇指、食指、中指沾水后，用拇指托起部分钞票，用中指向上捻起第一张，随即用食指捻起第二张，捻起的这两张钞票由左手拇指送到左手食指和中指之间夹住。记数采用分组记数法，2 张为 1 组，记满 50 组即为 100 张。点双张时，应注意右手手臂要稍抬起，右手手臂高于右手手腕，手指朝右边，这样便于捻动。具体动作如图 8-3 所示。

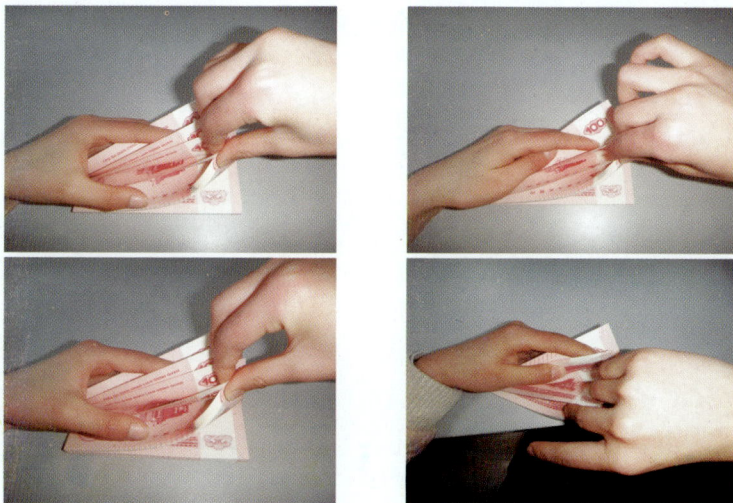

图 8-3　手按式点钞法示意图

单指三张、四张点钞法适用于收付款和整点各种新旧主币、辅币。它的速度明显地快于单指单张和双指双张。但由于除第一张外，其余各张所能看到的票面较小，不宜整点残破币多的钞票。单指三张、四张点钞时，左手压钞的方法与单指双张点钞相同，右手拇指托起右下角的部分钞票。三张点钞时，先用无名指捻动第一张，随后用中指、食指顺序捻起第二张和第三张；四张点钞时，先用小指捻起第一张，随后无名指、中指和食指分别捻起第二张、第三张和第四张；捻起的三张或四张钞票用左手拇指向上推送到左手的食指和中指间夹住。单指三张、四张点钞法点钞时，与单指双张点钞一样，要注意手臂要抬起，右手手指朝左边，手心向下，点数时手指也不宜抬得过高。

单指三张、四张点钞可采用分组记数。三张点钞可以三张为一组记一个数，数33组还剩1张即为100张；四张点钞可以四张为一组记一个数，数到25组就为100张。

3）手按式单指推动点钞法

手按式单指推动点钞法也是使用较广的一种点钞方法。它适宜于收付款和整点各种钞票，尤其适宜于整点成把的百元或五十元以下的主币。这种点钞方法效率较高。但除第一张外，其余各张票面可视面很小，不易发现假币和剔除损伤券。这种点钞法的操作方法如下：

把钞票横放在桌面上，左手无名指微屈按住钞票左上角约三分之一处。右臂肘部靠在桌子上，右手五个手指自然弯曲；用中指第一关节托起部分钞票后，中指、无名指、小指垫入部分钞票下面；拇指从右下角推起数张钞票；食指按在钞票右上角配合拇指推动，同时也防止拇指推动时钞票向上移动。左手拇指根据右手推起的钞票数将钞票推送到中指与食指之间夹住。这样便完成了一组动作，之后按此方法连续操作。

用这种方法清点，要注意右手拇指推动时，要先用拇指尖开始推动，直到拇指肚收尾为止。拇指用力要均匀，这样才能均匀地把钞票推捻开。一般一次推捻3~10张，中指托起的钞票也不宜太多。切数时，眼睛要从钞票里侧往外看。记数可采用分组记数。如一次推捻4张，那么以4张为一组记数，数25组即为100张，以此类推。

4）手按式多指推动点钞法

手按式多指推动点钞法适用于各种面额钞票的清点，更适宜于整点成把主币。其操作方法如下：

（1）放票

将钞票斜放在桌面上，右下角对正胸前，左手无名指、小指自然弯曲压在钞票左端约占票面的四分之一处，同时用右手的食指、中指、无名指、小指沾水做点钞准备。

（2）清点

清点前，用右手在钞票右下角侧面将钞票向左上方推动一下使钞票松散。推捻时可用三指推动，也可用四指推动。用四指推动时，先用小指从右下角向上推捻起第一张，然后以无名指、中指、食指顺序各推起一张钞票；用三指推动时，先用无名指推捻起第一张，然后用中指、食指各推起一张。推起的钞票由左手拇指推送到左手食指和中指之间夹住。这样便完成一组动作，之后按此连续操作。

（3）记数

记数采用分组记数法。每次推动三张的以三张为一组记数，记满33组余1张即为100张；每次推四张的，以四张为一组记数，记满25组即为100张。

5）手按式多指拨动点钞法

这种点钞方法的适用范围和优缺点与手按式多指推动点钞法基本相同。其操作方法如下：

钞票横放在桌面上，左手小指、无名指、中指自然弯曲压在钞票的左上角，同时右手食指、中指、无名指和小指沾水准备清点。

多指拨动一般可分为三指拨动和四指拨动。三指拨动清点时，用食指从钞票右上角向胸前拨动，然后由左手拇指推送到左手的食指和中指之间夹住。四指拨动清点时，用食指从券右上角向胸前拨动第一张，然后以中指、无名指、小指顺序各拨动一张，每拨起四张就用左手拇指送到左手的中指和食指之间夹住。用这种方法清点时，要注意右手用力的方向，右手各手指拨起钞票时要往怀里方向用力，但也要略向左，一味向左边或向怀里方向用力，都很难拨动钞票，影响点钞速度。

记数可采用分组记数法，与手按式单指三张、四张点钞法相同。

6）手扳式点钞法

手扳式点钞法也叫手按式翻点法。这种点钞方法适用于整点各种主币和复点工作，尤其适用于清点成把主币。它的优点是速度快，效率高，清点比较省力，劳动强度较小。但由于扳动时看到的票面小，残破券、假钞及夹版不易被发现和剔除，因此新旧、大小版面混在一起或残破币太多的钞票，不宜用这种方法清点，手扳式点钞法的操作方法如下：

（1）放票

先双手持票，持票时，钞票竖立，两边拇指在前，其余四指在后，捏住钞票（捏在约占票面的四分之一处）。然后右手把钞票顺时针方向转动，左手拇指配合右手将钞票向右推，使钞票成微扇形。打开扇面后，将钞票竖放在桌面上，下端伸出桌面约两厘米以便右手将钞票扳起，放票时也可不打开扇面。安放好钞票后，左手小指、无名指、中指按住钞票的左上角，拇指和食指自然弯曲，做好点钞准备。

（2）清点

右手除拇指外，其余四指自然弯曲。用右手中指抬起部分钞票的右下角，拇指捏住钞票右下角，食指放在拇指与中指之间，无名指和小指协助中指的活动。然后用右手腕带动各指往怀里方向转动即逆时针方向转，使钞票打开成小扇面。用左手拇指对右手扳起的钞票进行切数，左手拇指每切一次便将钞票送到食指和中指之间夹住，同时右手拇指和食指放开已切数的钞票，并配合中指进行下一次循环。要注意的是：右手中指抬起的钞票不宜太多或太少，一般在 35 张左右；打开扇面拇指捏得不要过紧，食指在其他手指转动时要擦过中指抬起的钞票的侧面，向拇指靠拢，以利于打开扇面；手切数时眼睛应该从右向左看；每次切数要一致。

（3）记数

采用分组记数法。如一次扳 5 张就以 5 张为一组，记满 20 组为 100 张；如一次扳 6 张就以 6 张为一组，记满 16 组余 4 张即为 100 张，以此类推。

8.2.3 扇面式点钞法

把钞票捻成扇面状进行清点的方法叫扇面式点钞法。这种点钞方法速度快，是手工点钞法中效率最高的一种。扇面式点钞法的要点是：将钞票捻成扇面形，右手一指或多指依次清点，如果是一指清点即为扇面式一指多张点钞法；如果是四个指头交替拨动，分组点，一次可以点多张，即为扇面式四指多张点钞法。适用于收付款的复点，特别是对大批成捆钞票的内部整点作用更大。但是这种方法清点时不容易识别假钞和挑剔残破券，所以不适合收付款的初点；只适合清点新票币，不适于清点新、旧、破混合钞票。一指多张点钞法的操作步骤如下：

1）持钞

钞票竖拿，左手拇指在钞票前下部中间票面约四分之一处。食指、中指在票后同拇指一起捏住钞票，无名指和小指向手心弯曲。右手拇指在左手拇指的上端，用虎口从右侧卡住钞票成瓦形，食指、中指、无名指、小指均横在钞票背面，做开扇准备。

2）开扇

开扇是扇面点钞的一个重要环节，扇面要开得均匀，为点数打好基础，做好准备。其方法是：

以左手为轴，右手食指将钞票向胸前左下方压弯，然后再猛向右方闪动，同时右手拇指在票前向左上方推动钞票，食指、中指在票后面用力向右捻动，左手拇指在钞票原位置向逆时针方向画弧捻动，食指、中指在票后面用力向左上方捻动，右手手指逐步向下移动，至右下角时即可将钞票推成扇面形。如有不均匀的地方，可双手持钞抖动，使其均匀。

打开扇面时，左右两手一定要配合协调，不要将钞票捏得过紧，如果点钞时采取一按十张的方法，扇面要开小些，便于点清。

3）点数

左手持扇面，右手中指、无名指、小指托住钞票背面，拇指在钞票右上角1厘米处，一次按下5张或10张；按下后用食指压住，拇指继续向前按第二次，以此类推，同时左手应随右手点数速度向内转动扇面，以迎合右手按动，直到点完100张为止。

4）记数

采用分组记数法。一次按5张为一组，记满20组为100张；一次按10张为一组，记满10组为100张。

5）合扇

清点完毕合扇时，将左手向右倒，右手托住钞票右侧向左合拢，左右手指向中间一起用力，使钞票竖立在桌面上，两手松拢轻墩，把钞票墩齐，准备扎把。

8.2.4 硬币的清点方法

手工清点硬币的方法，也是一种手工点钞法。在有工具之前，硬币全部用手工清点，这是清点硬币的一种基本方法，它不受客观条件的限制，只要熟练掌握，在实际工作中与工具清点速度相差不大。

1）手工整点硬币

手工整点硬币一般常用在收点硬币尾零款，以100枚为一卷，一次可清点5枚、12枚、14枚或16枚，最多的可一次清点18枚，主要是依个人技术熟练程度而定。其操作方法如下：

（1）拆卷

右手持硬币卷的三分之一处，放在包装纸的中间，左手撕开硬币包装纸的一头，然后右手大拇指向下从左到右压开包装纸，把包装纸从卷上面压开后，左手食指平压硬币，右手抽出已压开的包装纸，这样即可准备清点。

（2）点数

按币值由大到小的顺序进行清点，用左手持币，右手拇指、食指分组清点。为保证准确性，用右手中指从一组中间分开查看，如一次点18枚为一组，即从中间分开，一边9枚；如一次点10枚为一组，则一边为5枚。记数方法采用分组记数，一组为一次，如点10组即记10次，其他以此类推。

（3）包装

硬币清点完毕，用双手的无名指分别顶住硬币的两头，用拇指、食指、中指捏住硬币的两端，将硬币取出放入已准备好的包装纸的二分之一处，再用双手拇指把里面的包装纸向外掀起掖在硬币底部，再用右手掌心用力向外推卷，然后用双手的中指、食指、拇指分别将两头包装纸压下均匀贴至硬币，这样使硬币两头压三折，包装完毕。

2）工具整点硬币

工具整点硬币是指大批的硬币用整点工具进行整点。具体操作步骤如下：

（1）拆卷

拆卷通常有两种方法：一是震裂法；二是刀划法。

震裂法拆卷，是用双手的拇指与食指、中指捏住硬币的两端向下震动，在震动的同时左手稍向里扭动，右手稍向外扭动。值得注意的是，用力要适度，使包装纸震裂，取出震裂的包装纸准备清点。

刀划法拆卷，首先在硬币整点器的右端安装一个坚硬刃向上的刀片，拆卷时用双手的拇指、食指、中指捏住硬币的两端，从左端向右端在刀刃上划过，这样包装纸会被刀刃划破一道口，硬币也就进入整点器盘内，然后将被划开的包装纸拿开，准备点数。

（2）点数

硬币放入整点器内进行清点时，用双手食指扶在整点器的两端，拇指推动弹簧轴，眼睛从左端到右端，看清每格内是否是5枚，如有氧化变形及伪币随时挑出，如数补充上，然后准备包装。

（3）包装

工具整点硬币的包装方法与手工整点硬币的包装方法相同。

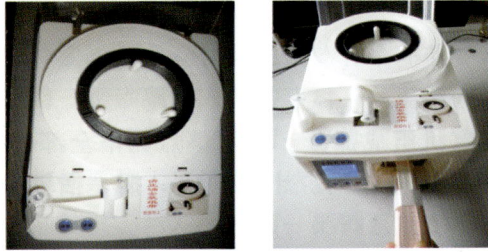

图8-6 电动扎把机示意图

右手拇指与食指持绳置于伸出桌面处，然后用左手食指按住绳子一端，右手将绳子另一端从右往下再往上绕一圈与绳子的另一端合并，将钞票自左向右转两圈，形成一个麻花扣。这时钞票横放在桌上，已束好的一头在右边，再将横放的钞票的四分之一伸出桌面，左手按住绳子的一头，右手将绳子从右向钞票底下绕一圈，绕至钞票上面左端约占钞票长度的四分之一处拧一个麻花扣，之后将钞票翻个面再拧一个麻花扣，最后左手食指按住麻花扣以防松散，右手捏住绳子的另一头，从横线穿过打成活结。捆好后垫纸上贴上封签，加盖日期戳和点钞员、捆钞员名章。

8.4.2 机器捆钞

1）做好捆钞前的准备工作

使用捆钞机前，首先要仔细检查捆钞机各部位是否正常。手动捆钞机要检查手柄、齿轮上下运动是否自如，电动液压捆钞机在捆钞前要打开开关各转一次，检查马达和液压装置是否正常，液压管道有无漏油现象。

检查完毕，调整机器螺丝，使之适合所捆券别的松紧程序，然后固定螺丝。

最后，放绳将线绳拧成麻花扣，双十字放置在捆钞机底面平台的凹槽内。绳的两头留的长度要相等。

2）放钞

用两手各取五把钞票并在一起墩齐。然后将十把钞票叠起，票面向上，放在捆钞机的平台上，并放上衬纸。

3）压钞

合上活动夹板，右手扳下压力扶手，反复操作，使钞票压到已调整好的松紧度。如为电动捆钞机则按下"紧"开关。最后贴上封签，加盖名章和日期戳。

8.4.3 捆扎钞票的有关规定

（1）捆钞时要坚持操作程序，必须每只手各取五把，以防钞票多把或少把，发生差错。

（2）整捆钞票在捆扎时要垫衬纸，用于粘贴封签。衬纸垫在钞票上与其一并捆扎，封签贴在捆扎绳外，要注意衬纸与封签都须切去一角，以便看清票面。

（3）不论是手工捆扎钞票还是机器捆扎钞票，都要以"捆紧"为标准，要通过拉紧捆钞绳，进行交叉固定，使钞票不易松开。

（4）捆扎绳必须完好，不能有结，以防被人解开。最后的活扣结只能打在衬纸表面，并用封签纸粘住。

（5）钞票捆扎完毕，要在封签上加盖日期戳以及点钞员、捆钞员名章，以明确职责，便于查找差错。

第9章
真假人民币的识别技术

［学习要点和难点］

　　学习要点：真假人民币的识别。

　　学习难点：真假人民币的识别技术。

　　最近几年来，国内各地不断发现假人民币钞票，票额有 100 元、50 元、10 元和 5 元等。随着现代科学技术的发展和不法分子制造假币技术的提高，伪造、变造货币的种类也不断增多，假币更加逼真，欺骗性更大。所谓伪造币，是指仿造真币原样，利用各种手段非法仿制的各类假票币。所谓变造币，是指在真币基础上或以真币为基本材料，通过挖补、剪接、涂改、揭层等办法加工处理，使原币改变数量、形态，以此实现升值的假货币。其主要特征是票面不完整。例如：拼凑券是多条拼成的，揭页券是无正面或无背面，挖补券是券别数字和文字被变造。所以，我们必须掌握识别真假人民币的基本要领和常识，反复实践、摸索经验，不断提高辨别人民币真伪的能力。

● 9.1　看

9.1.1　看水印

　　把人民币迎光照看，第五套 1 元人民币可在水印窗处看到人头像或花卉水印，除 1999 年版 100 元、50 元、20 元和 2005 年版 1 元外，第五套人民币纸币均有面额数字白水印，而假币水印一般为浅色油墨印盖在票面正面或背面，有一种假币水印是将币纸揭层后，在夹层中涂上白色糊状物，再在上面压盖上水印印模。真币水印生动传神、立体感强，假币水印缺乏立体感，多为线条组成，或过于清晰，或过于模糊，如图 9-1 所示。

9.1.2　看安全线

　　第五套人民币纸币在各券别票面正面中间偏左，均有一条全息磁性开窗式安全线，即安全线局部埋入纸张中，局部裸露在纸面上，开窗部分分别可以看到由微缩字

100 元真币人像水印　　　　100 元假币人像水印

100 元真币面额数字白水印　　100 元假币面额数字白水印

图 9-1　水印对比图示

符"￥100"、"￥50"、"￥20"、"￥10"、"￥5"组成的全息图案，仪器检测有磁性，如图 9-2 所示。假币的安全线多用浅色油墨印成，模糊不清，或是手工夹入一条银色塑料线，容易在币纸边缘发现未经剪齐的银白色线条。真币的安全线是立体实物与钞纸融为一体，有凸起的手感。假币一般是印上或画上的颜色，如加入立体实物，会出现与票面褶皱分离的现象。

图 9-2　安全线示意图

9.1.3　看光变油墨

第五套人民币 100 元券和 50 元券正面左下方的面额数字采用光变油墨印刷。将垂直观察的票面倾斜到一定角度时，100 元券的面额数字会由绿色变为蓝色；50 元券的面额数字则会由金色变为绿色，如图 9-3 所示。

9.1.4　看票面图案

首先，看票面图案是否清晰，色彩是否鲜艳，对接图案是否可以对接上。

第五套人民币纸币的阴阳互补对接图案印在票面左侧中间处。迎光透视，可以看到正背面图案合并组成一个完整的古钱币图案，如图 9-4 所示。

图9-3　光变油墨对比示意图　　　　图9-4　对接图案示意图

然后，用5倍以上放大镜观察票面，看图案线条、缩微文字是否清晰、干净，如图9-5所示。

图9-5　线条、文字示意图

9.1.5　看隐形面额数字

第五套人民币纸币各券别正面右上方有一装饰图案，将钞票置于与眼睛接近平行的位置转动，可见隐形面额数字，如图9-6所示。

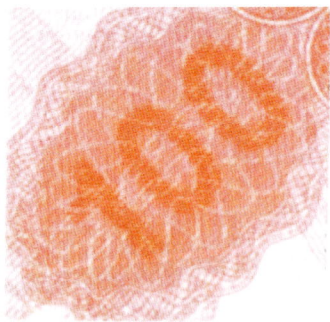

图9-6　隐形面额数字示意图

9.1.6　看有无拼接痕迹

目前多数变造币由局部真币与局部假币拼接而成，看时首先应注意票面有无胶粘痕迹，其次迎光看，看有无剪裁拼接或锯齿状拼接痕迹。如有以上现象，就应仔细辨认，如图9-7所示。

● 9.2　摸

第五套人民币纸币各券别票面正面主景毛泽东头像、"中国人民银行"行名、盲文、

图9-7　拼接痕迹示意图

面额标记及背面主景人民大会堂等均采用雕刻凹版印刷，用手触摸有明显凹凸感。另外，在正面主景图案右侧，一组自上而下规则排列的线纹摸起来也有明显的凹凸感，如图9-8所示。第五套人民币纸币薄厚适中，挺括度好。

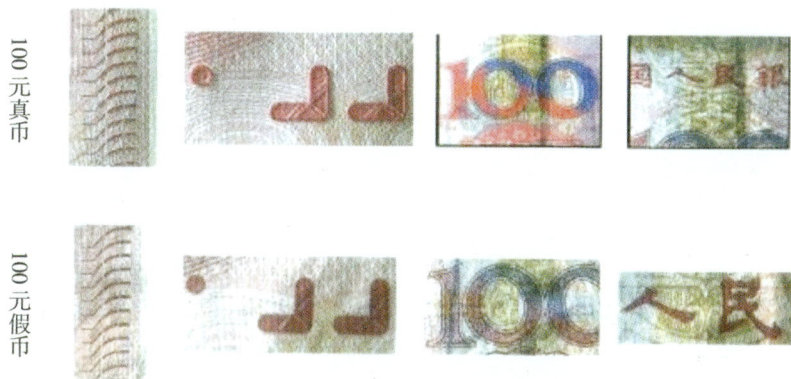

图9-8　真假币凹凸感对比示意图

● 9.3　听

　　听即通过抖动钞票使其发出声音，根据声音来分辨人民币真伪。人民币的纸张，具有挺括、耐折、不易撕裂等特点。手持人民币纸币用力抖动、手指轻弹，或者两手一张一弛轻轻对称拉动，都能听到清脆而响亮的声音。

● 9.4　测

　　测即借助一些简单的工具和专用的仪器来分辨人民币真伪。例如，借助放大镜可以观察到票面线条的清晰度，胶印、凹印缩微文字等；用紫外线灯照射票面，可以观测到钞票纸张和油墨的荧光反映；用磁性检测可以检测出黑色横号码的磁性。

附　录

2015年版第五套人民币100元纸币宣传资料(部分)

中国人民银行定于2015年11月12日起发行2015年版第五套人民币100元纸币。

一、票面特征

2015年版第五套人民币100元纸币在保持2005年版第五套人民币100元纸币规格、正背面主图案（如图A-1、图A-2所示）、主色调、"中国人民银行"行名、国徽、盲文和汉语拼音行名、民族文字等不变的前提下，对部分图案做了调整，对整体防伪性进行了提升。

图A-1 2015年版第五套人民币100元纸币正面

2015年版第五套人民币100元纸币发行后，与同面额流通人民币等值流通。

二、正面图案主要调整

1.取消了票面右侧的凹印手感线、隐形面额数字和左下角的光变油墨面额数字。

2.票面中部增加了光彩光变数字，票面右侧增加了光变镂空开窗安全线和竖号码。

图A-2 2015年版第五套人民币100元纸币背面

3.票面右上角面额数字由横排改为竖排，并对数字样式做了调整；中央团花图案中心花卉色彩由橘红色调整为紫色，取消了花卉外淡蓝色花环，并对团花图案、接线形式做了调整；胶印对印图案由古钱币图案改为面额数字"100"，并由票面左侧中间位置调整至左下角。

三、背面图案主要调整

1.取消了右侧的全息磁性开窗安全线和右下方的防复印标记。

2.减少了票面左右两侧边部胶印图纹，适当留白；胶印对印图案由古钱币图案改为面额数字"100"，并由票面右侧中间位置调整至右下角；面额数字"100"上半部颜色由深紫色调整为浅紫色，下半部颜色由大红色调整为橘红色，并对线纹结构进行了调整；票面局部装饰图案色彩由蓝、红相间调整为紫、红相间；左上角、右上角面额数字样式均做了调整。

3.年号调整为"2015年"。

四、2015年版第五套人民币100元纸币防伪特征

1.光变镂空开窗安全线

光变镂空开窗安全线位于票面正面右侧。垂直票面观察，安全线呈品红色；与票面成一定角度观察，安全线呈绿色；透光观察，可见安全线中正反交替排列的镂空文字"￥100"，如图A-3所示。

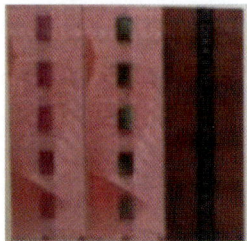

图A-3 光变镂空开窗安全线

2.光彩光变数字

光彩光变数字位于票面正面中部。垂直票面观察，数字以金色为主；平视观察，数字以绿色为主。随着观察角度的改变，数字颜色在金色和绿色之间交替变化，并可见一条亮光带上下滚动。如图A-4所示。

图A-4　光彩光变数字

3.人像水印

人像水印位于票面正面左侧空白处。透光观察，可见毛泽东头像，如图A-5所示。

图A-5　人像水印

4.胶印对印图案

票面正面左下方和背面右下方均有面额数字"100"的胶印对印局部图案。透光观察，正背面图案组成一个完整的面额数字"100"，如图A-6所示。

图A-6　胶印对印图案

5.横竖双号码

票面正面左下方采用横号码，其冠字和前两位数字为暗红色，后六位数字为黑色，右侧竖号码则为蓝色，如图A-7所示。

图 A-7　横竖双号码

6.白水印

白水印位于票面正面横号码下方。透光观察，可以看到透光性很强的水印面额数字"100"，如图 A-8 所示。

图 A-8　白水印

7.雕刻凹印

票面正面毛泽东头像、国徽、"中国人民银行"行名、右上角面额数字、盲文及背面人民大会堂图案等均采用雕刻凹印印刷，用手指触摸有明显的凹凸感，如图 A-9 所示。

图 A-9　雕刻凹印

第五套（2005年版）人民币的票面特征及防伪特征

一、100元券人民币的票面特征及防伪特征

1.票面特征

票面主色调为红色，票幅长155毫米、宽77毫米。票面正面主景为毛泽东头像，左侧为"中国人民银行"行名、阿拉伯数字"100"、面额"壹佰圆"和椭圆形花卉图案。票面左上角为中华人民共和国国徽图案，主景图案左侧中间处为胶印古钱币对印图案，右下角为盲文面额标记，右侧为凹印手感线，票面正面左下角印有双色异型横号码。双色异型横号码下方有一白水印。票面背面主景为人民大会堂图案，左侧为人民大会堂内圆柱图案，中间为一条全息磁性开窗安全线，票面右上方为"中国人民银行"的汉语拼音字母和蒙、藏、维、壮四种民族文字的"中国人民银行"字样和面额。

2.防伪特征

①固定人像水印：纸张抄造中形成人像水印，层次丰富，立体感很强。

②手工雕刻头像：形象逼真，线条清晰，凹凸感强。

③胶印缩微文字：在放大镜下，字型清晰。

④光变油墨面额数字：随视角变化，颜色变化明显。

⑤胶印对印图案：正背图案重合，组成完整的古钱币图案。

⑥雕刻凹版印刷：用手指触摸有明显的凹凸感。

⑦隐形面额数字：将钞票置于与眼睛接近平行的位置，面对光源做上下倾斜晃动，即可看到面额"100"，字型清晰。

⑧双色异型横号码：左侧部分为暗红色，右侧部分为黑色；字符由中间向左右两边逐渐变小。

⑨白水印：迎光透视，可以看到透光性很强的水印"100"字样。

⑩全息磁性开窗安全线：开窗部分可以看到由缩微字符"￥100"组成的全息图案（开窗安全线是指局部埋入纸张中、局部裸露在纸面上的一种安全线）。

⑪凹印手感线：采用雕刻凹版印刷工艺印制，用手指触摸，有极强的凹凸感。

具体特征如图 A-10、图 A-11 所示。

图 A-10   100 元券人民币正面

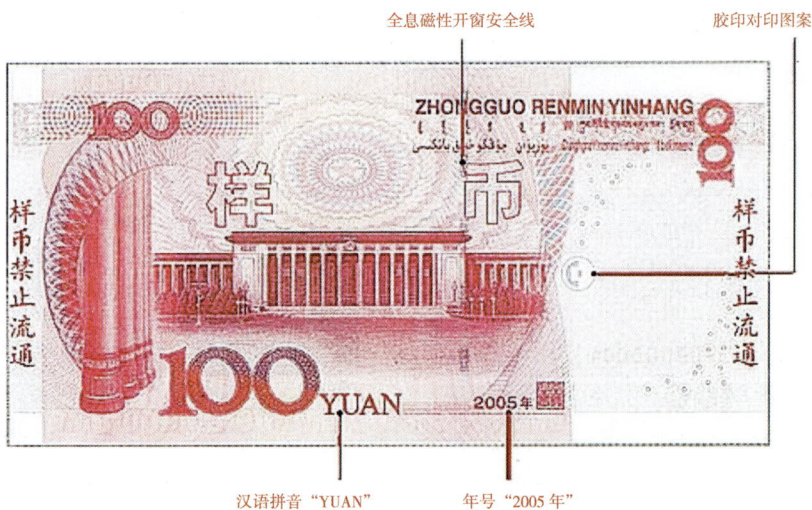

图 A-11   100 元券人民币背面

二、50 元券人民币的票面特征及防伪特征

1.票面特征

票面主色调为绿色，票幅长 150 毫米、宽 70 毫米。正面主景为毛泽东头像，左侧为"中国人民银行"行名、阿拉伯数字"50"、面额"伍拾圆"字样和花卉图案，左上角为中华人民共和国国徽图案，主景图案左侧中间处为胶印古钱币对印图案，右下角为盲文面额标记，右侧为凹印手感线，票面正面印有双色异型横号码。票面背面主

景为布达拉宫图案，中间为一条全息磁性开窗安全线，右上方为"中国人民银行"汉语拼音字母和蒙、藏、维、壮四种民族文字的"中国人民银行"字样和面额。

2.防伪特征

①固定人像水印：纸张抄造中形成人像水印，层次丰富，立体感很强。

②手工雕刻头像：形象逼真，线条清晰，凹凸感强。

③胶印缩微文字：在放大镜下，字型清晰。

④光变油墨面额数字：随视角变化，颜色变化明显。

⑤胶印对印图案：正背图案重合，组成完整的古钱币图案。

⑥雕刻凹版印刷：用手指触摸有明显的凹凸感。

⑦隐形面额数字：将钞票置于与眼睛接近平行的位置，面对光源做上下倾斜晃动，即可看到面额"50"，字型清晰。

⑧双色异型横号码：左侧部分为暗红色，右侧部分为黑色；字符由中间向左右两边逐渐变小。

⑨白水印：迎光透视，可以看到透光性很强的水印"50"字样。

⑩全息磁性开窗安全线：开窗部分可以看到由缩微字符"￥50"组成的全息图案，仪器检测有磁性。

⑪凹印手感线：规则排列的线纹，采用雕刻凹版印刷工艺印制，用手指触摸，有极强的凹凸感。

具体特征如图A-12、图A-13所示。

图A-12　50元券人民币正面

三、20元券人民币的票面特征及防伪特征

1.票面特征

票面主色调为棕色，票幅长145毫米、宽70毫米，正面主景为毛泽东头像，左侧为"中国人民银行"行名，阿拉伯数字"20"，面额"贰拾圆"和花卉图案，票面左

图 A-13　50元券人民币背面

上方为中华人民共和国国徽图案，左下方印有双色横号码，双色异型横号码下方有一白水印，左下角为胶印古钱币对印图案，右下方为盲文面额标记，右侧为凹印手感线。票面背面主景为"桂林山水"图案，中间为一条全息磁性开窗安全线，票面右上方为"中国人民银行"汉语拼音字母和蒙、藏、维、壮四种民族文字的"中国人民银行"字样和面额。

2.防伪特征

①固定花卉水印：纸张抄造中形成荷花水印，层次丰富，立体感很强。

②手工雕刻头像：形象逼真，线条清晰，凹凸感强。

③胶印缩微文字：在放大镜下，字型清晰。

④胶印对印图案：正背图案重合，组成完整的古钱币图案。

⑤雕刻凹版印刷：背面主景图案桂林山水、面额数字、汉语拼音行名、民族文字、年号、行长章等均采用雕刻凹版印刷，用手触摸，有明显凹凸感。

⑥隐形面额数字：将钞票置于与眼睛接近平行的位置，面对光源做上下倾斜晃动，即可看到面额"20"，字型清晰。

⑦双色横号码：号码左侧部分为暗红色，右侧部分为黑色。

⑧白水印：迎光透视，可以看到透光性很强的水印"20"字样。

⑨全息磁性开窗安全线：开窗部分可以看到由缩微字符"￥20"组成的全息图案，仪器检测有磁性。

⑩凹印手感线：规则排列的线纹，采用雕刻凹版印刷工艺印制，用手指触摸，有极强的凹凸感。

具体特征如图 A-14、图 A-15 所示。

双色横号码　固定花卉水印　　全息磁性开窗安全线　　隐形面额数字　凹印手感线

胶印对印图案　　白水印　　　胶印微缩文字　手工雕刻头像　盲文面额标记

图A-14　20元券人民币正面

雕刻凹版印刷　　　　　　　　　　　　　　胶版对印图案

汉语拼音"YUAN"　　　年号"2005年"

图A-15　20元券人民币背面

四、10元券人民币的票面特征及防伪特征

1.票面特征

票面主色调为蓝黑色，票幅长140毫米、宽70毫米。正面主景为毛泽东头像，左侧为"中国人民银行"行名、阿拉伯数字"10"、面额"拾圆"字样和花卉图案，左上角为中华人民共和国国徽图案，左下角印有双色横号码，右下方为盲文面额标记，右侧为凹印手感线。背面主景为长江三峡图案，右上方为"中国人民银行"汉语拼音字母和蒙、藏、维、壮四种民族文字的"中国人民银行"字样和面额。

2.防伪特征

①固定花卉水印：纸张抄造中形成月季花水印，层次丰富，立体感很强。

②手工雕刻头像：形象逼真，线条清晰，凹凸感强。

③胶印缩微文字：在放大镜下，字型清晰。

④胶印对印图案：正背图案重合，组成完整的古钱币图案。

⑤雕刻凹版印刷：采用雕刻凹版印刷，用手触摸，有明显凹凸感。

⑥隐形面额数字：将钞票置于与眼睛接近平行的位置，面对光源做上下倾斜晃动，即可看到面额"10"，字型清晰。

⑦双色横号码：号码左侧部分为暗红色，右侧部分为黑色。

⑧白水印：迎光透视，可以看到透光性很强的水印"10"字样。

⑨全息磁性开窗安全线：开窗部分可以看到由缩微字符"￥10"组成的全息图案，仪器检测有磁性。

⑩凹印手感线：规则排列的线纹，采用雕刻凹版印刷工艺印制，用手指触摸，有极强的凹凸感。

具体特征如图A-16、图A-17所示。

图A-16　10元券人民币正面

图A-17　10元券人民币背面

五、5元券人民币的票面特征及防伪特征

1.票面特征

票面主色调为紫色，票幅长135毫米、宽63毫米。正面主景为毛泽东头像，左侧为花卉图案，左上角为中华人民共和国国徽图案，左下角印有双色横号码，右下角为盲文面额标记。背面主景为泰山图案，右上方为"中国人民银行"汉语拼音字母和

蒙、藏、维、壮四种民族文字的"中国人民银行"字样和面额。

2.防伪特征

①固定花卉水印：纸张抄造中形成水仙花水印，层次丰富，立体感很强。

②手工雕刻头像：形象逼真，线条清晰，凹凸感强。

③胶印缩微文字：票面多处印有缩微文字"RMB5"和"5"字样，在放大镜下，字型清晰。

④雕刻凹版印刷：采用雕刻凹版印刷，用手触摸，有明显凹凸感。

⑤隐形面额数字：将钞票置于与眼睛接近平行的位置，面对光源做上下倾斜晃动，即可看到面额数字"5"，字型清晰。

⑥双色横号码：号码左侧部分为暗红色，右侧部分为黑色。

⑦白水印：迎光透视，可以看到透光性很强的水印"5"字样。

⑧全息磁性开窗安全线：开窗部分可以看到由缩微字符"￥5"组成的全息图案，仪器检测有磁性。

⑨凹印手感线：规则排列的线纹，采用雕刻凹版印刷工艺印制，用手指触摸，有极强的凹凸感。

具体特征如图A-18、图A-19所示。

图A-18　5元券人民币正面

图A-19　5元券人民币背面

附录 3

全国珠算等级鉴定标准

表 A-1 加减算

等级 项目	普通级						能手级	
	一级	二级	三级	四级	五级	六级		
题数	10	10	10	10	10	10	20	
其中：连加法	6	6	6	6	6	6	12	
加减混合	4	4	4	4	4	4	8	
每题带减号笔数	5	5	5	5	5	5	7/20	5/15
带角分题数	5	5	5					10
整数题	5	5	5	10	10	9		10
每题行数	15	15	15	15	15	14		15
题数 其中：10位数								3
9位数								3
8位数	3						4	3
7位数	3	2					4	3
6位数	3	5	4	2			4	3
5位数	3	4	5	2			4	
4位数	3	4	3	5	5	4	4	
3位数			3	6	10	4		
2位数								
要求合格题数	9	9	8	8	8	8		

表 A-2　　　　　　　　　　　　　　　乘算

等级 项目	普通级						能手级
	一级	二级	三级	四级	五级	六级	
题数	10	10	10	10	10	10	20
其中：整数题	5	6	7	8	8	10	12
带小数题	5	4	3	2	2		8
四舍题	2	2	2	1	1		4
五入题	3	2	1	1	1		4
题型　实6位*5位							2
5*6							2
6*4							2
4*6							2
5*5							2
5*4	2						3
4*5	2						3
4*4	6	4					4
5*3		1	1				
3*5		1	1				
4*3		2	2	1			
3*4		2	2	1			
3*3			4	2	2		
4*2				3	1		
2*4				3	1		
3*2					3	3	
2*3					3	3	
2*2						4	
要求合格题数	9	9	8	8	8	8	

表 A-3   除算

等级 项目	普通级						能手级
	一级	二级	三级	四级	五级	六级	
题数	10	10	10	10	10	10	20
其中：除尽题	6	6	7	8	8	10	12
除不尽题	4	4	3	2	2		8
四舍题	2	2	2	1	1		4
五入题	3	2	1	1	1		4
题型 ÷6位=4位							3
÷4位=6位							3
÷5位=5位							2
÷5位=4位							4
÷4位=5位							4
÷4位=4位							4
÷3位=5位	2	1					
÷3位=4位	3	2	1				
÷5位=3位	2	1					
÷4位=3位	3	2	1				
÷3位=3位		4	8	4			
÷2位=3位				3	3		
÷3位=2位				3	3		
÷2位=2位					4	10	
要求合格题数	9	9	8	8	8	8	

备注：

1.普通级试卷，加减算、乘算、除算各10题；能手级试卷，加减算、乘算、除算各20题，限时20分钟。

2.能手级加减算共20题，其中：10题为15行，10题为20行。15行的加减混合题有5笔凑数，20行的加减混合题有7笔凑数。

3.能手级要求合格题数：加减算、乘算、除算各打对18题，为能手一级；各打对16题，为能手二级；各打对14题，为能手三级；各打对12题，为能手四级；加减算打对10题，乘算和除算各打对11题，为能手五级；加减算打对8题，乘算和除算各打对10题，为能手六级。

主要参考文献

［1］贺多秀.计算技术与实训［M］.北京：中国物价出版社，1999.

［2］崔栋.珠算与点钞［M］.北京：高等教育出版社，2005.

［3］迟荣.珠算与点钞技术［M］.北京：冶金工业出版社，2008.

［4］姚克贤.珠算教程［M］.4版.大连：东北财经大学出版社，2015.

［5］王宗江，赵孝廉.计算技术教程［M］.北京：高等教育出版社，2010.

［6］罗荷英，段云飞.财经办公实用教程［M］.北京：北京理工大学出版社，2012.